© 2019, Mac Kauka

Édition : BoD – Books on Demand,

12/14 rond-point des Champs-Élysées, 75008 Paris.

Impression : BoD - Books on Demand, Norderstedt, Allemagne

ISBN : 9782322151868

Dépôt légal : Février 2019

MASTERMIND 3.0

Ce livre est une explosion d'informations, de conseils, et d'idées pratiques pour qui cherche à être professionnellement autonome et épanouie. Il vous accompagne pas à pas en vous fournissant une trame complète et une méthodologie à 360°, afin de vous permettre de mettre en place une stratégie gagnante pour votre indépendance professionnelle et une vie personnelle plus épanouie.

Je dédie ce livre qui me tient tant à cœur à ma très chère épouse Alexandra NDIAYE qui me tient davantage à cœur. Tu es un exemple vivant de tolérance, de tendresse, de soutien inconditionnel dans toutes mes expériences et aventures de vie. Dieu sait que tu as été patiente avec moi. Ta générosité n'a d'égale que ta passion pour la vie. Tes conseils ont toujours été très précieux, et tes remarques plus que pertinentes. C'était alors avec un réel plaisir que j'ai pris en compte tes précieuses suggestions. A toi alors pour une collaboration éternelle !

Table des matières

PREFACE

Le monde professionnel peut être un endroit monotone, surtout si vous êtes coincé à un poste de travail de 9 heures à 17 heures. J'ai vécu le quotidien et le détestais et j'ai décidé qu'il était temps de revenir à ce que j'aime le plus : être mon propre patron. Dans ce monde interconnecté, il est plus facile que jamais de gagner sa vie en faisant ce que vous aimez. Cependant, être un travailleur indépendant est un travail difficile, mais il vaut la peine de chaque instant de sommeil perdu. D'après mon expérience personnelle en tant qu'entrepreneur, ils existent des centaines de raisons pour lesquelles vous devriez quitter votre emploi et devenir votre propre patron. Nous allons toutes les voir dans ce livre.

Cependant, quitter son travail et devenir son propre boss ne s'improvise pas du jour au lendemain. Ce n'est pas non plus une prise de décision faite sur un coup de tête ou un coup de colère. Ça requiert une introspection intelligente, une vision claire de non seulement ce qu'on veut réaliser, mais aussi de ce qu'on peut réaliser. Il faudra également maitriser toutes les étapes inhérentes à l'entreprenariat, collecter des informations sur son secteur et la viabilité de son activité. Un plan d'action solide et maitrisé. Et surtout une discipline dans l'action. Ceci étant dit, je ne connais pas de situation plus valorisante que de se lancer sur son propre projet, et surtout voir son « bébé » grandir. Les avantages qui viennent avec cette décision sont largement à la hauteur, au-delà de vos rêves les plus fous. C'est en tout cas quelque chose que tout un chacun devrait essayer ou tout au moins considérer.

En plus, le monde est composé de deux types de personnes. Ceux qui vivent leur rêve, et ceux qui les soutiennent à le réaliser. Dans quel groupe faites-vous parti ? Dans quel groupe souhaitez-vous être ? Vous ne pouvez pas rester neutre face à cette réalité même si vous le vouliez, vous êtes obligé de choisir votre camp. Saviez-vous que seulement 5% des habitants de la terre gèrent 95% de ses ressources ? La première fois que j'ai entendu cette dure réalité j'ai cru à des absurdités. Il m'a fallu je crois plusieurs années avant d'intégrer cette idée. C'est flippant n'est-ce pas ? Qu'est-ce qu'ils ont bien pu comprendre à notre détriment ? Que font-ils différemment que le reste des populations ? Qu'ont-ils de particulier que nous n'ayons pas ?

J'ai mes idées là-dessus. Bien que je les aie exposés dans un autre de mes livres, je vais vous en dire peut-être deux mots dans l'exposé qui suit. Le but de ce livre est vraiment de vous inspirer pour ne pas dire inciter à sortir de votre léthargie ou si c'est plus correct je dirais de votre zone de confort. L'avenir appartient à ceux qui prennent des risques. Suivez ma réflexion et vous verrez que tout un chacun a non seulement le droit, mais aussi le devoir ainsi que les capacités de parvenir à de hauts niveaux de réalisations.

AVANT PROPOS

Pour vous seuls, vous qui cherchez à améliorer votre condition et obtenir de la vie ce qu'il y'a de meilleur, j'ai écrit cette œuvre. Scrutez-le, comprenez-le émotionnellement et intellectuellement, vivez-le, et recueillez-vous dans cette intention que j'y ai dispersée et placée en plusieurs endroits ; rattachez ensemble les étapes et suggestions, cogitez leur corrélation, et leur sens profond et éternel jaillira devant vous afin que votre sagesse puisse le comprendre. Ensuite, habitez-vous de cette intention, et votre condition, les circonstances de votre vie ainsi que sa qualité refléteront vos nouvelles actions ainsi que votre nouvelle attitude vis-à-vis de la vie.

Il y'a une citation de Gautama Bouddha qui dit que « votre but dans la vie est de trouver votre but et de lui donner tout votre cœur et toute votre âme ». J'ai l'habitude de dire que, nous n'avons pas signer de contrat de vie avec la vie, ainsi nous n'avons pas l'éternité pour attendre d'en faire ce que nous voulons qu'elle soit. C'est maintenant que nous devons décider de ce à quoi nous voulons qu'elle ressemble, et aller le plus naturellement au monde le produire.

Avant d'aller plus loin, je vais faire cette déclaration qui risque fort de vous surprendre. Nous pouvons tous y arriver ! les seules limites qui soient, sont les limites que nous nous fixons. Je me propose dans ce livre de réveiller cet entrepreneur qui sommeille en vous. Ce sera aussi l'occasion de vous inspirer, de vous motiver, mais également de vous guider pas à pas afin non seulement de vous faire accepter l'idée que l'autonomie professionnelle est aussi possible pour vous, mais aussi de vous proposer une trame complète qui vous accompagnera dans cette intention.

Tout le monde peut y arriver. Je dirais même que tout le monde a non seulement le droit, mais également le devoir de devenir la meilleure version de soi-même. Toute personne étant dotée des mêmes capacités mentales que tout un chacun. Mais avez-vous remarqué que certains hommes semblent attirer le succès, le pouvoir, la richesse et l'accomplissement en faisant très peu d'efforts conscients. D'autres les conquièrent avec une grande difficulté. Et d'autres encore échouent tout simplement à atteindre leurs ambitions, leurs désirs et leurs idéaux. Pourquoi en est-il ainsi ?

Pourquoi certains hommes devraient-ils réaliser leurs ambitions facilement, d'autres avec difficultés et d'autres pas du tout ? La cause ne peut être physique, sinon les hommes les plus parfaits physiquement seraient plus prospères. La différence doit donc être mentale - autrement dit dans l'attitude. Il en résulte que l'attitude doit représenter la force créatrice. Elle doit constituer la seule différence entre les hommes. C'est l'attitude, donc, qui prévaut sur l'environnement, sur les conditions et sur tous les autres obstacles présents sur notre chemin. La plus grande découverte de notre temps est de comprendre et de réaliser que chacun d'entre nous a le pouvoir et le choix de changer sa vie en changeant sa façon de penser nous disait William James, philosophe et fondateur de la psychologie moderne. Nous allons donc à travers les idées développées dans ce livre, voir comment nous contribuons consciemment à transformer, les événements et circonstances de notre monde professionnel et éventuellement nos conditions.

CHAPITRE 1 : 15 RAISONS POUR VOUS LANCER

Chaque entrepreneur a une histoire différente quant à la raison pour laquelle il a décidé de créer une entreprise. Certains savaient depuis le départ qu'ils voulaient travailler pour eux-mêmes et d'autres l'ont découvert alors qu'ils travaillaient pour quelqu'un d'autre et ont décidé finalement de franchir le pas de l'entreprenariat.

La plupart des propriétaires d'entreprise seront d'accord sur un point : être un entrepreneur, c'est génial. Il y a d'innombrables raisons à cela, et chaque entrepreneur aura également ses propres raisons personnelles. Voici 15 raisons, sans ordre particulier, pour lesquelles j'estime que se lancer dans l'entreprenariat est incroyable.

1- VOUS SEREZ VOTRE PROPRE PATRON

Être votre propre patron vaut tous les risques. « Les grands actes sont généralement accomplis à grands risques » ; Même Hérodote, plus de 2 000 ans avant notre ère, savait déjà que rien d'excellent ne peut être réalisé sans risque significatif. Si vous quittez votre emploi de bureau, croyez-moi, vous ne mourrez pas. Vous devrez peut-être aller vivre quelque temps avec vos parents ou renoncer à Netflix pendant quelques mois, mais croyez-moi, il y a des choses bien pires dans la vie, comme travailler pour un patron que vous détestez et qui vous le rend bien. D'ailleurs si vous suivez le plan d'action en dix étapes plus haut, vous n'aurez pas à vous inquiéter pour ces choses.

2- DITES AU REVOIR A LA MONOTONIE

Une fois que vous êtes libéré de la monotonie des horaires bureautiques, le monde devient beaucoup moins ennuyeux. Maintenant, vous pouvez marcher au rythme de votre propre tambour et faire ce que vous voulez. Combien de personnes pensez-vous, vont au boulot avec le sourire ? 5% pas plus d'après les études. Et parmi ceux-là, il y'en c'est plus pour rencontrer des collègues qu'ils aiment bien mais certainement pas pour le boulot.

3- VOTRE POTENTIEL DE GAIN EST ILLIMITE

En tant qu'entrepreneur, et je dirais même pour tous les aspects de la vie, votre récompense ou si vous voulez votre compensation sera proportionnelle à la valeur de votre produit ou service, de sa qualité et de sa rareté. Votre potentiel de gain est dès lors, littéralement illimité. Beaucoup de gens font l'erreur de vouloir échanger leur temps contre de l'argent. C'est la pire des tactiques si vous voulez avoir une vie décente. Car un petit calcul vous montrera rapidement que vous n'avez que 24 heures comme tout le monde. Sur ces 24 heures, vous avez 8 heures de sommeil, 8 heures de présence au travail au minimum heure de pause inclus et enfin 8 de socialisation. Donc vous ne pourrez échanger que 8 heures contre de l'argent. Ce qui limite systématiquement le salaire que vous pouvez générer et surtout vous ôte toutes possibilités d'en gagner plus. Vous avez un salaire figé. Alors que quand vous avez une entreprise de service ou de vente de produit surtout avec l'air du virtuel, votre boutique est ouverte 24 heures sur 24 sans que votre présence soit nécessaire. Votre gain potentiel devient alors illimité.

4- IMAGINEZ-VOUS POUVOIR VOYAGER QUAND BON VOUS SEMBLE

C'est probablement le meilleur avantage de travailler à son compte : quel bonheur cette totale liberté ! Si vous aimez voir de nouveaux endroits et rencontrer de nouvelles personnes, être votre propre patron crée une pléthore d'occasions de voyages sur les routes. Encore une fois, à cette époque aux milliers de possibilités, tout business peut littéralement non seulement se gérer quasiment tout seul, mais aussi à distance. De ce fait, votre bureau est là où vous vous trouvez. Ce qui vous donne une liberté totale de déplacement sans que ça n'impacte négativement vos affaires. Et dans bien des cas, peut même devenir une source d'inspirations pour de nouvelles manières d'aborder votre business. Car alors, vous découvrez de nouvelles choses, de nouvelles idées, et de nouvelles visions.

5- C'EST BON POUR VOTRE ESTIME DE SOI

Une fois que vous avez travaillé pour vous-même, vous commencez à comprendre et surtout booster votre propre estime de soi. Voir les fruits de toutes ces heures de travail acharné commence à faire son chemin : vous avez construit quelque chose, vous avez réalisé quelque chose, vous valez quelque chose. Souvent quand vous êtes employé, dans bien des cas vous êtes sous-estimé et vos efforts passent inaperçus. Lorsque vous pouvez faire directement l'expérience de la récompense de vos efforts, vous ressentez un sentiment d'épanouissement personnel et de réalisation qui ne peut jamais être pleinement ressenti lorsque vous travaillez pour quelqu'un d'autre.

6- C'EST VOUS QUI PRENEZ LES DECISIONS MAINTENANT

Terminé ces moments inconfortables où vous passez votre journée à éviter ou à subir les remontrances de votre patron. Maintenant c'est vous qui prenez les décisions. En plus, plus nous sommes impliqués, plus nous sommes enthousiastes, plus nous avons tendance à prendre les meilleures décisions et acceptons en parallèle quand elles ne sont pas bonnes pour de donner l'opportunité de rectifier le tir.

7- VOUS FAITES CE QUE VOUS AIMEZ ET AIMEZ CE QUE VOUS FAITES.

En plus d'être plus efficace, c'est largement plus agréable d'avoir une activité professionnelle qui consiste à faire ce que nous aimons car systématiquement, nous aimerons ce que nous faisons. C'est vraiment une règle d'or. Ne dit – on pas que si vous faites ce que vous aimez vous ne travaillerez plus un seul jour de votre vie ? à méditer. Le fait de se mettre à votre compte voudra dire que, vous avez choisi une occupation dans laquelle vous vous sentez non seulement à l'aise, mais aussi que ça vous passionne. Si c'est juste une question d'argent, oubliez-le. Les chefs d'entreprise les plus prospères sont rarement motivés par l'argent. Invariablement, ils adorent leur produit ou service ou adorent créer une entreprise. Ils veulent améliorer les choses, moins cher ou plus facilement. Être indépendant vous aide à sortir du piège du travail que vous détestez et vous permet de transformer vos passions en une entreprise.

8- VOUS AIDEZ LES GENS ET CONTRIBUEZ A LEUR BIEN-ETRE

Pouvoir aider les gens est l'un des principaux avantages du travail indépendant et de la gestion d'une entreprise. Même une très petite entreprise locale aide les gens en créant des emplois et en soutenant une communauté. Peut-être aimeriez-vous créer un programme qui améliore l'éducation des enfants ? Ou créer un service qui améliore la vie des familles locales ? Posséder votre propre entreprise peut vous aider à atteindre ces objectifs. De toute façon, le seul moyen d'entreprendre, c'est régler un problème que des personnes rencontrent dans leur quotidien. En créant votre entreprise basée sur la réponse à une problématique, vous aidez les gens tout en faisant votre métier. Et comme vous le savez, plus vous réglez les problèmes des gens, plus ils vous le rendent bien en sollicitant votre service ou produit. En plus, vous avez vraiment le sentiment de contribuer à votre communauté.

9- VOTRE OCCUPATION VA DANS LE MEME SENS QUE VOS VALEURS

Aligner vos valeurs personnelles sur votre activité professionnelle est une expérience extrêmement gratifiante. Une personne qui croit au respect de l'environnement, par exemple, trouverait probablement une carrière dans les énergies renouvelables extrêmement enrichissante. En créant votre entreprise, vous n'aurez pas à trouver cet emploi parfait. L'entrepreneuriat vous permet de concevoir une vie et une carrière qui correspondent réellement à vos valeurs fondamentales, comme aider les autres, sauver l'environnement ou donner la priorité à la famille. De mon point de vue, cette neuvième raison constitue un argument fondamental, car je ne pourrais jamais plus travailler dans un environnement dont les valeurs vont à contre sens des miennes. Je suis sûr en parallèle que c'est le cas pour la plupart d'entre vous. Alors lancez-vous au lieu de vivre dans le compromis.

10- VOUS DEVELOPPEZ VOTRE CHARISME ET VOTRE PERSONNALITE

En générale, le long de notre démarche entrepreneuriale, nous nous développons sur bien des domaines. Autodiscipline, habiletés de communication, passion, optimisme, patience et éthique de travail implacable. Construire une entreprise à partir de zéro renforce ces qualités de leadership, ce qui signifie que l'entrepreneuriat peut vous transformer en un leader inspirant, tant sur le plan professionnel que personnel. Dès lors, votre personnalité s'affirme d'avantage, vos convictions prennent le dessus, et votre vie est de loin plus dynamique avec plus de signification qu'on n'aurait pas pu travailler en étant confiné dans un rôle de subordonné en travaillant pour quelqu'un d'autre.

11- VOUS POUVEZ CHANGER LE MONDE

Bien que tout le monde n'ait ni la vocation ni la mission de changer le monde comme l'ont réalisé Mark Zuckerberg ou Bill

Gates, mais justement en créant votre entreprise, vous n'avez pas besoin de devenir le prochain Facebook ou Microsoft pour avoir ne serait-ce qu'un impact dans votre ville, votre pays ou votre communauté. Brian CHESKY par exemple, a eu l'idée, il y a un peu plus de dix de créer la plateforme Airbnb, un outil de service d'hébergement accessible via ses sites Web et ses applications. Une entreprise qui permet aujourd'hui à des millions de personnes de voyager moins cher ou de proposer leur service via la plateforme. Est-ce qu'il a changé le monde bien sûr que si et pourtant tout comme lui, vous pouvez trouver des idées toutes aussi pertinentes.

D'accord, changer le monde est un objectif assez ambitieux, mais le modifier pour le mieux est toujours un effort louable qui peut être profondément satisfaisant.

12- VOUS TRANSMETTEZ UN HERITAGE DURABLE

Lorsque vous commencez à travailler pour vous-même, vous souhaiterez peut-être simplement changer d'activité ou acquérir plus d'indépendance financière ou d'autonomie et ne plus travailler pour quelqu'un d'autre. À mesure que votre entreprise se développe, vous établissez une activité qui perdure. Vous pourriez alors faire appel à d'autres membres de la famille pour vous aider à développer l'entreprise. Si vous avez des enfants, vous pouvez leur transmettre l'entreprise familiale lorsque vous décidez de prendre votre retraite. Démarrer une petite entreprise peut vous donner un héritage durable.

13- L'OPPORTUNITE DE REDONNER A LA COMMUNAUTE

Dans l'absolu, je ne connais aucune situation plus valorisante, que le sentiment et la satisfaction de redonner à la société, de contribuer pour ainsi dire. Car vous pouvez avoir la chance d'enseigner et de partager avec d'autres ce que vous avez appris en tant qu'entrepreneur. Partager ce que vous avez appris peut-être votre façon de redonner à la communauté - cela peut prendre la forme de mentorat d'autres entrepreneurs potentiels, d'écrire un livre afin que d'autres puissent voir comment vous l'avez fait, ou même de parler de vos expériences pour inspirer et motiver les autres. Il y a tellement de plaisir à donner et l'entreprenariat vous offre une vie riche en expériences.

14- UNE HISTOIRE A RACONTER

Chaque fois que je dis à quelqu'un que je dirige ma propre entreprise, ou que j'écris des livres, celui-ci veut toujours savoir ce que je fais, comment je le fais et comment ça se passe. Je suis toujours capable de raconter une histoire ou deux, et la meilleure partie est que je peux déterminer les chapitres de l'histoire. (Lorsqu'ils travaillent pour une entreprise, les personnes ont probablement moins d'histoire à raconter pour aider les gens à se développer de manière autonome.)

15- VOUS SEREZ UN EXPERT MULTIDISCIPLINAIRE

Ce point va de pair avec le mentorat. Indépendamment de ce que vous faites en tant qu'entrepreneur, une concentration absolue sur votre sujet ainsi que la recherche de moyens pour améliorer votre service ou produit, fera de vous invariablement un expert à un moment donné. Et cela vous donne une sorte de longueur d'avance, qui vous sera bien utile. Vous aurez la chance d'être sollicité pour votre expertise ou vos compétences parallèles, ou peut-être d'écrire un livre ou des articles à ce sujet et de diffuser votre message. Les gens me demandent souvent comment j'ai appris le référencement, les médias sociaux, le pay-per-click, les relations publiques et toutes les autres techniques de marketing que j'utilise. Je leur dis que j'ai été obligé de les apprendre, sinon je ne survivrais pas. De la même manière, j'ai été obligé d'apprendre comment construire un tableur, comment équilibrer un budget, comment négocier et d'innombrables autres compétences que j'avais acquises parce que j'étais la seule ressource que j'avais. Bien que le développement de nouvelles compétences puisse être difficile et prend du temps, il peut être rentable. Ces compétences seront inestimables tout au long de votre vie.

A présent, maintenant que nous savons tous ce que nous gagnons en nous mettant à notre propre compte, tachons de découvrir le meilleur moyen de nous y prendre afin de choisir la meilleure occupation.

CHAPITRE 2 : COMMENT DECOUVRIR VOTRE PASSION ET VOTRE MISSION

« Votre but dans la vie est de trouver votre but et de lui donner tout votre cœur et toute votre âme »

- Gautama Bouddha

Votre but est votre "pourquoi » ; c'est l'étoile du nord qui vous aide à vous concentrer sur une vue d'ensemble. Vos rêves méritent une place dans le ciel infini.

Votre vie a besoin d'un phare. Votre objectif guide votre chemin mais vous garde également en sécurité lorsque vous naviguez dans des eaux agitées.

Plusieurs méthodes existent pour découvrir sa passion, trouver la mission de sa vie et se fixer l'objectif de les poursuivre. Nous allons voir ensemble quelques-unes.

À un moment donné de notre vie, nous devons tous avoir des objectifs. Vous êtes-vous demandé pourquoi tant de gens travaillent fort et honnêtement sans jamais accomplir quoi que ce soit de particulier, tandis que d'autres, sans grand effort, semblent tout obtenir ? Ceux-là ont en quelque sorte " la touche magique ". Vous avez surement entendu dire de quelqu'un que " tout ce qu'il touche se transforme en or ". Ainsi, avez-vous remarqué qu'une personne qui réussit à tendance à continuer de progresser tandis qu'un homme qui échoue à tendance à accumuler les échecs ? Tout est question d'objectifs. Il y'a ceux qui en ont, et ceux qui n'en ont pas. Les gens qui en ont réussi parce qu'ils savent où ils vont.

Ne laissez pas cependant votre but vous retenir : Commencez petit. Concentrez-vous sur ce que vous pouvez faire maintenant et voyez plus grand avec le temps. Tout le monde ne changera pas le monde entier. Ne restez pas coincé dans la recherche du but idéal. Tout le monde n'est pas censé être Gandhi.

Dans ce chapitre, il est question donc, de vous faire accepter cette idée que l'objectif est le point de départ de toute réalisation. Et que pour tirer bénéfice des résultats de votre objectif réalisé, il faudra comme nous l'avons déclaré plus haut, quelque chose qui vous passionne et vous motive. Donc avant même de vous lancer, il est impératif de réfléchir à cette chose. De ce fait je vous propose deux méthodes qui m'ont beaucoup aidé. Les voici :

METHODE 1 : A LA RECHERCHE DE SON DHARMA

La philosophie orientale veut que chaque individu sur terre ait un dharma, en d'autres termes un but spirituel par lequel il contribue au bien de l'humanité. Un service ou un don qui apportera sa pierre à l'édifice quant à l'élévation de la race humaine. Chaque personne étant unique par son paradigme unique, fait au moins une ou plusieurs choses, non seulement d'une manière unique, mais de la manière la plus parfaite, la plus plaisante. Cette chose que l'on fait mieux que n'importe qui est liée à notre existence même et est toujours une occupation qui utilise nos talents naturels et pas ceux que nous avons développé par un apprentissage soutenu. Nous sentons alors un épanouissement sans fin, et une motivation qui dépasse notre entendement. La question ici est comment trouver cette vocation qui apparemment est enfoui en nous et n'attend qu'à être révélée ?

Seule une introspection intentionnelle et maîtrisée mène à la découverte de cette qualité de vision, entre autres la méditation ou bien cette pratique communément appelée entrer dans le silence. Mais une fois que nous sommes connectés à notre source, nous pouvons nous attendre à ce qui pourrait ressembler à des miracles. Car, s'ouvrent alors les vannes de satisfactions et notre vie est remplie de succès, de réalisation et surtout le plaisir d'appartenir et de contribuer à une plus grande cause que notre seul être.

Cette technique consiste à se fixer un plage horaire journalier d'une heure, heure à laquelle nous nous retirons dans un coin isolé de toutes influences externe tels que la télévision, la radio, le téléphone portable, les revues ou toute autre distraction. Nous nous mettons alors dans un silence le plus total et sans risque d'interruption tout au long de l'heure. Et nous nous munissons d'une feuille vierge et d'un stylo.

Et enfin nous notons sur un papier ces deux questions suivantes :

1 : Que ferais-je pour remplir mes journées, si l'argent n'était pas un enjeu ?

2 : Quelle occupation professionnelle choisirais-je si j'avais la lampe d'Aladin et que mes vœux sont exaucés d'avance ?

De là, laissez-vous aller à vos fantasmes. Ne vous censurez surtout pas. Aucune idée n'est farfelue. Chargez-vous de pensées dynamiques. Notez tout ce qui vous passe par la tête vous aurez largement le temps de faire le tri chemin faisant. Faites cet exercice tous les jours pendant une heure, toute la semaine puis tout le mois. Vous aurez au compteur 7 heures par semaine, vingt et huit heures par mois et trois cent trente et six heures l'année où vous cherchez à connaître votre propre Dharma autrement dit, le service par lequel vous allez vous accomplir au-delà de vos rêves les plus fous, et en parallèle contribuer à rendre le monde meilleur. Cet exercice vous permettra non seulement de dompter votre volonté, mais aussi de stimuler votre imagination et surtout d'ancrer dans votre subconscient qui rappelons-le est le seul créateur qui soit, que votre démarche est authentique et qu'il doit se mettre au travail pour réaliser votre objectif. Croyez-moi, il va s'en charger de la manière la plus pertinente. Je vous préviens, la plupart de ses idées seront inutilisables, voir vont vous sembler ridicules quelques jours plus tard. Mais souvenez-vous qu'une seule bonne idée fera la différence, car il ne vous faut qu'une idée pour vous mettre en marche vers la réussite. Souvenez-vous bien de cette phrase de Napoléon Hill et qu'elle vous accompagne tout au long de votre démarche de recherche d'idées : " tout ce que l'homme peut concevoir dans son esprit, l'homme peut le manifester dans sa réalité car l'imagination est l'atelier de la création et de l'invention ". Continuez alors votre exercice journalier jusqu'à ce qu'une idée prenne le dessus. Vous verrez, ça va jaillir de votre cerveau pour vous confirmer des choses que vous saviez déjà dans votre subconscient. De là, vous venez de découvrir votre Dharma ou votre mission de vie. Par cette seule étape vous venez de vous élever au-dessus de la moyenne car souvenez-vous, 95% de la population n'évolue pas dans l'activité qui comble ses passions.

METHODE 2 : LA METHODE PAMIVOM (PASSION - MISSION - VOCATION - METIER)

Je conseil cette deuxième méthode aux personnes de nature cartésienne ou qui se veulent pragmatique. PAMIVOM n'est rien d'autre qu'un acronyme des mots Passion, Mission, Vocation et Métier. Cette technique est dérivée de la méthode japonaise « IKIGAI » qui se traduit par «la raison d'être », la « joie de vivre » ou encore «la raison de se réveiller chaque matin ». Au Japon, le mot est souvent utilisé pour parler d'une **passion intense** qui nous aide à **trouver du sens** dans ce qu'on fait. Bref, avoir un BUT dans la vie.

Ici, vous allez prendre un papier que vous allez diviser en quatre parties. Puis nommez les suivant ces quatre mots et dans cet ordre : **Passion - Mission - Vocation - Métier**

1 : Passion : Dans cette partie notez tout ce en quoi vous êtes bon. Même les choses sans rapport ou les plus insignifiants. Tout ce que vous faites naturellement bien. Ne pensez à rien d'autre, à aucune finalité. Si c'est la compassion, notez-le sur votre colonne. Si c'est dessiner ou encore écrire mentionner le dans votre liste. Tout votre univers de compétences naturelles doit y figurer.

2 : Mission : Dans cette colonne, notez ce que vous aimez faire. Relevez dans votre première colonne les choses que faites non seulement naturellement bien, mais que vous aimez faire et reportez les dans cette deuxième colonne. Et là, vous vous retrouvez systématiquement avec des choses que vous faites bien et que vous aimez aussi faire. Si vous avez bien fait votre travaille, vous avez évité de vous censurer.

3 : Vocation : Dans cette troisième colonne, votre travaille d'entonnoir a dû réduire le contenu se trouvant dans les colonnes précédentes, et qu'à ce stade, vous n'avez plus que des choses que vous faites non seulement bien naturellement, mais que vous aimez faire par-dessus tout. Sélectionnez à présent parmi les éléments de la seconde colonne, les choses qui pourraient bénéficier l'humanité autrement dit qui pourraient améliorer la condition d'une ou de plusieurs personnes ou qui pourraient répondre à un besoin ou à une problématique.

4 : Métier : Dans cette quatrième colonne, il s'agira de « packager » votre vivier de passion - mission - vocation, de sorte d'en faire un produit, un service, une occupation. Ce sera ça votre métier pour lequel vous serez payé. Quand vous aurez fini ce travaille de tri, une occupation facilement monétisable doit sortir du lot. De là, vous pouvez entamer votre réflexion et peaufiner le concept chemin faisant pour aboutir à la découverte de la mission de votre vie. Vous verrez c'est très passionnant.

Le plaisir qu'on a en pratiquant le PAMIVOM peut être si fort qu'on en oublie la notion du temps. Et tout ce qui nous entoure. La **source de motivation** que votre PAMIVOM vous apporte vous aide à déplacer des montagnes pour atteindre un objectif.

Si vous deviez abandonner votre PAMIVOM, ça serait comme perdre une partie de vous ou vivre une grosse rupture amoureuse. Abandonner votre véritable voie parce que quelqu'un d'autre ou quelque chose vous y oblige serait douloureux. C'est ce qui explique la **connexion puissante** qui vous relie à votre PAMIVOM. Ce n'est pas juste un hobby que vous aimez faire, il fait partie de votre identité. Lorsque vous pratiquez le test

PAMIVOM, vous avez l'impression de faire quelque chose d'unique, que vous seul pouvez faire.

Bien qu'il puisse être réalisé en poursuivant un but spécifique, une ambition ou un rêve, vous pouvez trouver votre PAMIVOM dans des activités plus simples. Par exemple, certains le trouvent en s'occupant de leur famille. D'autres en pratiquant un sport ou un art. Il n'y a pas un PAMIVOM meilleur qu'un autre. Il existe une quantité illimitée de possibilités différentes.

Le principe fondamental d'un véritable PAMIVOM est qu'**il vous aide à développer votre potentiel** et enrichit votre propre vie. Mais il améliore aussi la vie de votre entourage. Il s'agit donc de trouver quelque chose que nous aimons faire en développant nos talents tout en apportant de la valeur aux autres.

La question à ce stade est : *qu'est-ce que vous aimez faire et qui procure de la valeur aux autres ?*

Le PAMIVOM nous pose un défi personnel, sans aucune pression, afin que nous puissions nous améliorer avec le temps.

A présent nous allons formaliser notre objectif, lui donner force et vie afin de pouvoir donner une direction à notre décision de quitter notre emploi et être notre propre boss. Pour. Mais avant cela je vais vous suggérer un plan d'action pour vous aider à structurer cette importante étape que vous êtes sur le point d'aborder

PLAN D'ACTION

Voici une ligne d'action de 21 jours pour imprimer votre nouvelle vision dans votre inconscient et mettre à l'épreuve ce que vous avez appris avec ce livre qu'est la part de la définition d'objectif dans votre démarche de créer une vie sur mesure. Je vais alors vous proposer un test de 21 jours. Ce test n'est rien d'autre que celui qu'à suggérer Napoléon Hill et ensuite repris par Earl Nightingale. Donc autant vous dire qu'il faudra l'appliquer rigoureusement si vous voulez voir apparaître les changements que vous souhaitez dans votre vie. Ce plan d'action vous permettra d'entretenir un désir ardent qui est une condition sine qua non pour votre réussite. Car sans ce désir, votre objectif est comme un château de cartes qui s'écroule à la moindre secousse. Prenez un carnet, un bout de papier ou une carte et procéder comme suit :

1 : Déterminez dans votre tête exactement l'objectif que vous voulez voir se manifester dans votre vie. Il ne suffit pas seulement de dire je veux réussir ou je veux du succès. Fixez votre objectif avec précision.

2 : Notez en quoi consiste l'activité, avec le plus de détails possibles. A ce stade, une image claire de l'activité pouvant mener à la réalisation de votre idéal doit être nette dans votre imagination. Traduisez-la sur le papier pour lui donner vie. Précisez nettement ce que vous comptez donner en échange car sachez qu'on n'a jamais rien pour rien.

3 : Fixez clairement la date à laquelle vous voulez voir votre objectif se concrétiser

4 : Etablissez un plan rigoureux pour réaliser votre désir et commencez immédiatement, que vous soyez prêt ou non, à le mettre en œuvre. N'attendez pas d'avoir un plan révolutionnaire, commencez là où vous êtes et perfectionnez le plan chemin faisant.

5 : Maintenant rédigez sur le papier, avec clarté et concision, l'objectif que vous voulez atteindre, ce que vous comptez donner et en quoi consiste l'activité. Fixez-vous une limite pour l'acquérir et décrivez clairement les plans dont vous disposez à ce jour pour manifester votre idéal et les étapes du plan que vous comptez suivre.

6 : Lisez à haute voix ce que vous avez couché sur papier, deux fois par jour. Faites-le avant d'aller vous coucher le soir et une fois le lendemain au réveil. Quand vous procédez à cette lecture, imaginez que vous êtes déjà en possession de l'objet, situation, circonstances ou conditions désiré, et soyez en persuadé.

D'après Napoléon Hill, il est impératif de suivre ces instructions à la lettre. Peut-être il vous sera difficile de vous imaginer d'être en possession de votre souhait avant de l'avoir vraiment. C'est là que le désir brûlant de réaliser votre idéal vous viendra en aide. Si votre désir est d'une telle intensité, alors croyez-moi vous n'aurez aucune difficulté à vous convaincre que vous l'obtiendrez. Souvenez-vous, le but ici et de donner une direction à votre subconscient pour qu'il travaille pour vous de manière automatique comme nous le verrons dans le chapitre suivant.

S'il vous arrive de sauter un jour, recommencez à zéro car ce n'est pas pour rien que je vous suggère ce test pour 21 jours et voilà pourquoi :

Les psychologues ont démontré qu'il faut entre 21 et 66 jours sans interruption pour acquérir peu à peu une nouvelle habitude. Ce ne sont que des chiffres qui nous donnent une simple tendance bien entendu car tout dépend du contexte, de la personne et de l'environnement. Cependant, une récente étude démontre que les habitudes, surtout quand elles sont contraignantes mais nécessaires, comme un régime sévère prescrit pour des raisons médicales, demandent 21 jours pour devenir automatiques et 66 jours pour devenir naturelles et parfaitement intégrées. La barre des 21 jours reste un cap suffisant quand vous voulez vraiment établir de nouvelles habitudes comme celle de transmettre votre objectif à votre subconscient.

Avant de progresser vers le chapitre suivant, voyons voir les composants d'un objectif bien pensé. Ici le but est de structurer votre pensé, canaliser votre imagination, mais surtout d'avoir les pieds sur terre et d'être pertinent dans votre choix. Donc tel un architecte construisant les plans d'un immeuble, il doit dans un premier temps penser à la solidité des fondations qui seront le support de tout le reste, autrement tout risque de s'écrouler si ces calculs étaient erronés. De même que vous, votre objectif doit répondre à quelques critères pour que vous puissiez voir un jour la manifestation tangible de ce dernier.

J'ajouterais quelques dernières recommandations dans l'optique de vous donner plus de matériaux dans votre objectif de vous lancer dans l'activité qui vous passionne et en toute autonomie :

✓ **Tombez amoureux de ce que vous allez faire** :

Je l'ai déjà dit ailleurs, mais la répétition est l'une de mes techniques, pour dépasser la simple porte de votre volonté ou conscience, et installer mes principes dans votre subconscient. Vous ne pourrez tenir la cadence que si vous êtes passionné par votre occupation. Vous devez littéralement tomber amoureux de votre occupation. Se lancer est de loin la chose la plus gratifiante que vous puissiez faire en tant personne, mais je ne vous ai jamais promis que ce sera facile, mais si vous êtes en osmose avec votre activité, il vous sera naturel de tomber et de vous relever et garder votre entrain. Vous ne ressentirez jamais un sentiment de sacrifice.

✓ **Sortez de votre zone de confort**

Explorez au-delà de votre bulle personnelle. Voyez au-delà de ce qui vous semble possible. Cette partie est très importante à comprendre. 90% des personnes s'autolimitent. Nous construisons littéralement des prisons virtuelles et nous nous enfermons à l'intérieur. Et dès lors, tout ce qui n'est pas dans cette zone nous semble insurmontable. Comme dirait Henry Ford que vous croyez que vous pouvez ou que vous croyez que vous ne pouvez pas vous avez raison dans les deux cas. A cela je rajoute la déclaration de Napoléon Hill qui dit que « tout ce que l'esprit humain peut imaginer, l'esprit humain peut le réaliser ». Donc sortez de cette zone de confort, prenez des risques car le monde appartient littéralement aux audacieux. Je recommande aussi de mettre de côté votre perspective égocentrique et de réaliser que le monde ne tourne pas autour de votre nombril. En comprenant les besoins des autres, vous pourrez peut-être trouver le moyen de les aider. Souvenez-vous, le seul moyen et d'ailleurs le plus rapide pour croitre c'est de régler le problème des autres. Plus vous aiderez les autres à croitre vous croitrez multiplié par le nombre de personnes que vous avez aidé. Votre but n'a pas besoin d'être noble, mais désintéressé. Poursuivre votre but est un travail à vie.

✓ **Faites preuve de persévérance**

La persévérance est un des facteurs essentiels dans votre décision de devenir la meilleure version de vous-même et de transmuter votre idéal de vie en réalité tangible. En d'autres termes réaliser vos plus grands rêves. Notez dans un premier temps qu'à la base de la persévérance, il y'a la volonté.

Lorsque la volonté est convenablement associée au désir, ils forment un couple qu'aucune force au monde ne peut ébranler. Ceux qui réussissent sont très généralement jugés insensibles et impitoyables. Mais souvent, c'est tout simplement qu'ils ont un puissant désir soutenu par une volonté alliée à la persévérance. C'est cette association puissante qui leur assure réussites et succès.

Qu'est-ce que la persévérance ? Persévérer, c'est continuer de faire ou d'être ce qu'on a résolu, par un acte de volonté toujours renouvelé, et ce malgré les obstacles et les échecs. C'est aller de l'avant avec détermination face à l'adversité, être tenace, ne pas baisser les bras. L'adage souligne l'importance de la persévérance. Ainsi, elle fait ces recommandations : " Continuez donc à chercher d'abord le royaume ",
" continuez à frapper, et on vous ouvrira ", " persévérez dans la prière " et " tenez ferme ce qui est excellent ".

La plupart des gens abandonnent intentions et objectifs et renoncent dès le premier signe d'opposition ou de revers. Quelques-uns cependant persistent malgré toutes les oppositions et fatalement ce sont ceux-là qui réussissent. Persévérance n'a pas sans doute une connotation héroïque, mais elle est au caractère ce que le carbone est au fer - elle le durcit jusqu'à en faire de l'acier. Pour s'accomplir et peu importe l'objet de votre convoitise, votre persévérance est à pratiquer au même titre sinon plus que les autres points.

COMMENT DEFINIR UN OBJECTIF S.M.A.R.T

L'acronyme S.M.A.R.T. signifie spécifique, mesurable, atteignable, réaliste et pouvant être défini dans le temps. J'ai rajouté cette petite partie, pour vous aider à rester réaliste tout de même en établissement vos objectifs. Ils doivent strictement respecter les conditions de cet outil de mesure tout en ne vous censurant pas.

S comme Spécifique : Un objectif doit absolument être spécifique. Plus vous maitrisez les détails, plus votre image mentale est nette, plus votre subconscient saura de quoi ça retourne pour se mettre en marche. Les objectifs ambigus produisent des résultats ambigus. Les objectifs incomplets produisent des résultats inachevés incomplets.

M comme Mesurable : Fixez-vous toujours des objectifs mesurables. Je dirais « spécifiquement mesurable » pour prendre en compte notre principe de spécificité. Vous devez être en mesure de vous rendre compte clairement à quelle hauteur se situe votre projet. Ce qui a été accompli, et ce qui reste à faire. A quelle distance vous vous situez par rapport à votre but.

A comme Atteignable : L'une des choses préjudiciables que beaucoup de gens font, avec de bonnes intentions, est de fixer des objectifs si ambitieux qu'ils sont inaccessibles. Ici, votre bon sens sera votre meilleur allié. N'ambitionnez que des choses qui sont scientifiques justes et humainement possible. Avancez aussi par étape. Si vous projetez de devenir le futur président de la république, commencez d'abord par briguer un poste de conseiller municipal ou à la limite créer une partie. Après vous pouvez commencer à graver les échelons.

R comme Réaliste : Le mot racine de réaliste est « réel ». Un objectif doit être quelque chose que nous pouvons raisonnablement rendre « réel » ou une « réalité » dans nos vies. Certains objectifs ne sont tout simplement pas réalistes. Même s'il s'agit d'un objectif extrêmement ambitieux, vous devez être en mesure de dire qu'en effet, c'est tout à fait réaliste, vous pouvez le réaliser. Vous devrez peut-être même dire qu'il faudra x, y et z pour le faire, mais si cela se produit, cela peut être fait. Cela ne veut en aucun cas dire que vous ne devrez pas poursuivre des objectifs ambitieux, du moment qu'il est réaliste.

T comme défini dans le Temps : Tout objectif devrait avoir un calendrier. L'un des aspects puissants d'un grand objectif est qu'il a une fin, un temps dans lequel vous comptez le réaliser. Sur ce laps temps, vous travaillez dessus parce que vous ne voulez pas prendre du retard, et vous travaillez avec diligence parce que vous voulez respecter les délais. N'hésitez d'ailleurs pas à scinder votre objectif en différentes parties pour un suivi plus aisé – ça peut être très efficace. Dans ce cas, fixez-vous des objectifs plus petits et traitez-les à votre rythme. Un objectif pertinent doit avoir une chronologie.

CHAPITRE 3 : UNE STRATEGIE EN SEPT ETAPES

ETAPE 1 : FAIRE LE BILAN SUR VOTRE SITUATION PROFESSIONNELLE

Avant d'entamer son vol, un pilote d'avion a un rigoureux processus de décollage qui ne varie jamais, car la sécurité entière de l'avion en dépend. Dans ce long processus, une série d'étape est nécessaire pour vérifier point par point tout le protocole de vol. Cette vérification est non seulement voulue par la loi, mais nécessaire pour le bon déroulement du voyage. Ce check-up constitue à vérifier point par point le statut de tous les éléments requis pour que l'avion ai le droit de décoller. De même que le pilote, je vous invite à adopter cette rigoureuse pratique avant de vous jeter dans votre démarche de vous lancer ce merveilleux défi d'autonomie professionnelle. Vous devez point par point vérifier tous les éléments pouvant impacter votre situation professionnelle et surtout votre projet de vous lancer à votre compte.

Une belle carrière ne se fait pas seule. Comme pour tout ce que vous voulez réaliser dans la vie, une carrière réussie demande du temps, des efforts et, plus important encore, la planification, pour bien réussir. Pour cette raison, un plan de développement professionnel sous la forme d'un résumé écrit de vos ambitions, aspirations et objectifs peut s'avérer extrêmement utile pour clarifier vos objectifs de carrière et mieux cibler vos objectifs.

Un plan de développement de carrière est conçu pour définir vos intérêts, vos valeurs et vos compétences, et pour vous aider à réfléchir aux points suivants :

➢ Où vous êtes maintenant et où vous voulez être
➢ Vos goûts, vos dégoûts, vos passions, vos forces, vos compétences, votre expérience et votre personnalité, et leur degré d'alignement sur l'emploi que vous avez choisi
➢ Vos objectifs de carrière à court et à long terme
➢ Toutes les compétences, qualifications et expériences qu'il vous faudra peut-être encore acquérir
➢ Le marché du travail actuel, où se trouve le travail, et toute autre exigence d'emploi que vous pourriez avoir besoin de rechercher.

Définir un énoncé de vision pour votre carrière est la première étape pour vous aider à obtenir le travail de vos rêves. En définissant des objectifs de carrière clairement définis et en définissant les étapes à suivre pour parvenir à vos objectifs, vous pourrez plus facilement naviguer vers la vision que vous avez définie.

Mais pour en être là, une réponse claire et précise aux questions posées plus haut est nécessaire. Ici, il va falloir faire un bilan précis de votre situation actuelle pour savoir quels sont les éléments professionnels qui répondent à vos aspirations et quels sont les éléments que vous estimez vous retenir comme un boulet attaché à votre cheville. Prenez par exemple un papier que vous divisez en deux parties, couchez sur une des parties du papier les accomplissements qui vont dans le même sens que vos aspirations, notez toutes les réalisations dont vous êtes fiers, tous vos progrès, toutes les évolutions dont vous avez pu faire preuve durant votre carrière. Profitez-en pour noter tout ce qui semble être les compétences, les acquis, le savoir être, le savoir-faire, les diplômes et formations, expertise et force qui représentent votre capital de savoir en général. J'espère ne pas avoir à vous dire de rester le plus pragmatique possible. Il ne s'agit pas non plus de vous auto-juger mais plutôt de vous auto-évaluer. Sur l'autre partie de votre feuille, notez vos axes d'améliorations, vos lacunes, les traits de caractère qui ont pu jouer contre vous, vos aspirations non réalisées, vos passions enfouies, vos faiblesses, les choses que vous jugez être un handicap pour votre épanouissement professionnel. Dans un premier temps, comme vous l'avez constaté, c'est histoire de faire un brainstorming sur votre vie professionnelle afin de vous préparer aux étapes suivantes.

Cet exercice vous permettra par la suite d'écrire votre plan de carrière (au lieu d'avoir une idée abstraite dans la tête) et vous donnera également une référence, il vous permettra aussi de mesurer beaucoup plus facilement vos progrès. C'est aussi un processus satisfaisant que de pouvoir cocher chaque objectif de carrière de votre liste et de voir les progrès que vous faites.

Tout comme vous feriez un bilan de santé pour garder votre santé physique en pleine forme, vous devriez faire de même pour votre carrière. Envisagez de procéder à une évaluation des « habitudes de carrière saines » tous les six mois, tous les ans ou tous les deux ans pour vous assurer que votre carrière est florissante. Utilisez les conseils de ce livre comme point de départ. Vous constaterez peut-être que vous vous poserez certaines des questions plus souvent que d'autres. Vous voulez un peu plus de ressources et d'idées ? Considérez ce qui suit.

En tant que coach de vie, mon travail consiste à fournir à mes clients des connaissances et une expertise sur la façon de résoudre un problème ou un défi, je me borne généralement à leur fournir un ensemble de recommandations sur la manière de procéder. D'après mon expérience, même lorsque nous étions très familiers avec le client ou le problème, la recommandation sur ce qu'il fallait faire ne nous est pas tombée comme par magie dans nos cerveaux un jour en un éclair d'intelligence. C'est plutôt quelque chose que nous découvrons grâce à un processus rapide mais réfléchi consistant à recueillir des informations, à tester, à obtenir des réactions, puis à formuler une recommandation sur la meilleure façon de procéder.

Cette notion est similaire lorsqu'il s'agit de prendre des décisions de carrière. En tant que coach de carrière, une question courante que j'obtiens lorsque je travaille avec mes clients pour bâtir leur carrière est la suivante : « Comment conciliez-vous votre travail quotidien avec la réflexion sur le prochain changement de carrière ? Comment savez-vous quand regarder (ou ne pas regarder) pour un nouvel emploi ? »

Ce sont des préoccupations importantes et réfléchies - nous ne sommes certainement pas définis par nos emplois, mais ils constituent une part importante de la façon dont nous passons notre temps chaque jour de notre vie. Et comme pour tout ce qui est important, prendre le temps de réfléchir avant de prendre une décision est une bonne chose à faire. Au fil des ans, pour m'aider à répondre à ces questions, j'ai créé un cadre qui m'aide à répondre à certaines de ces questions et à comprendre comment je me sens par rapport à mes aspirations et surtout par rapport à mes projets, ce qui aide à me décider si j'ai besoin d'apporter des modifications.

Alors considérez cette étape de votre carrière professionnelle comme un tournant décisif de votre vie et Posez-vous ces questions :

- Est-ce que j'apprends tous les jours ?
  Suis-je à ma meilleure disposition quand je suis le plus occupé immergé dans mon travail ? Cela se produit-il lorsque je suis mis au défi ou quand je dois apprendre quelque chose pour pouvoir faire mon travail ?

- Est-ce que j'aime et respecte les gens pour qui et avec qui je travaille ?
  Demandez-vous si vous puisez votre énergie en travaillant avec des équipes très performantes ou si vous faites de votre mieux dans un environnement favorable et collaboratif.
  De plus, appréciez-vous et respectez-vous les personnes qui traitent les autres avec respect ?
  Votre environnement de travail vous permet-il de faire de votre mieux ?

- Suis-je engagé à 100% à faire de mon mieux ?
  Ici l'enjeu est de voir votre degré d'engagement à votre occupation actuelle. Demandez-vous si vous faites de votre mieux et surpassez vos attentes lorsque vous êtes pleinement engagé dans vos tâches. Etes-vous convaincu que votre

occupation et vous allez dans le même sens que vos aspirations. Et surtout s'il comble votre besoin de croissance et mérite un effort supplémentaire quant à vos performances.

- Qu'est-ce que j'ai amélioré ou renforcé depuis ma dernière tournure de carrière ?
  Si vous êtes dans une démarche de croissance, j'estime qu'il est important de continuer à garder un œil sur votre évolution ainsi que sur vos forces et faiblesses. Si vous pouvez identifier avec précision les compétences que vous avez développées ou les domaines auxquels vous constatez une amélioration changement de cap, vous saurez de manière nette si vous stagnez ou si vous évoluez tel que vous l'avez prévu.

- Y a-t-il d'autres envies qui me viennent à l'esprit ou qui attirent mon attention ?
- Posez-vous la question : Puis-je identifier un problème, un défi ou un sujet spécifique auquel je pense constamment ?

Si votre c'est idée est inhérente à votre situation du moment, vous saurez que vous êtes probablement en train de progresser sur la bonne voie. Mais si c'est quelque chose d'autre, vous aurez besoin de redéfinir vos priorités professionnelles.

A l'issue de ces questions, vous en apprendrez beaucoup sur vous, votre situation actuelle, vos aspirations et surtout vos axes d'améliorations ainsi que les éventuelles décisions à prendre.

Voici quelques types d'informations que vous risquez vous aussi de rencontrer :

- Il y a toujours des hauts et des bas

Ici, encore une fois il s'agit tout simplement de relever et de collecter des informations. Donc il faudra noter que c'est tout à fait normal de remarquer que vous avez connu des hauts et des bas et aussi des périodes de baisse d'évolution. C'est d'autant plus important de les noter, les analyser et s'en servir pour la nouvelle page de votre histoire qui s'ouvre. Car dorénavant, vous évoluerez avec un plan d'action bien élaboré.

- Vous devez vous laisser du temps

Quand je dis vous donner du temps, je ne parle pas d'attendre avant de vous lancer. Si vous me connaissiez un tout petit peu, vous sauriez que je ne prône jamais les attentes trop longues, ça mène très généralement à la procrastination. Quand je dis de vous laisser du temps, c'est justement après vous être lancé, donnez-vous un battement de temps (au moins six mois) avant de vous lancer dans un premier bilan. Plus tôt, vous risquez de manquer d'éléments solides d'analyse.

- Considérer que l'avenir est une bonne chose

La cause première de l'échec est de loin le manque de perspective dans l'avenir. Toute l'analyse que nous préconisons en ce moment même, est dans l'unique but d'avoir de la matière afin de se projeter de manière structurée vers le nouveau futur que nous imaginons pour vous. Car enfiler vos œillères et exécuter les tâches qui vous attendent sans penser à la suite des choses peut littéralement vous être néfaste. Il est certes important de rester concentré sur la tâche à accomplir, mais essayez de vous ménager des plages pour planifier l'avenir. C'est le seul moyen de le manifester dans le tangible.

Si je vous suis en mesure de répondre oui avec des preuves à l'appui à toutes ces questions, c'est généralement un feu vert pour passer le cap. S'il y a un non ou un manque de preuves à l'appui de l'une ou l'autre de ces questions, cela signifie que vous devez approfondir vos recherches pour comprendre la cause profonde.

Ici, j'essaye de vous donner une méthode gagnante qui offre en parallèle toute la sécurité requise, vous mettant ainsi à l'abri d'erreur de jugement, mais vous pouvez passer outre quelques drapeaux rouges et les corriger chemin faisant. Je laisse votre bon sens s'en occuper. C'est votre meilleur guide.

Une fois que vous avez fait ce gros travail d'analyse, je considère que vous savez à présent ce qui vous a tiré vers là-bas ou en tout cas ce qui a ralenti votre progrès, vous savez aussi c'est quoi la prochaine étape. Il est temps à présent de vous débarrasser des choses inutiles.

ETAPE 2 : DEBARASSEZ-VOUS DE TOUT CE QUI NE VOUS CONVIENT PAS

L'étude a montré que, chaque personne est la somme (tant en qualité de vie, qu'en perception de celle-ci) des cinq personnes qu'elle fréquente de manière régulière, plus précisément des cinq sources d'information que ladite personne à privilégier dans sa vie. Si vous me suivez un peu alors, vous comprendrez que je suis en train de vous dire de revoir votre liste de fréquentations. Car si votre situation actuelle ne vous convient pas, sachez que vos fréquentations y ont été pour grand-chose. Au cours de notre cheminement vers le succès, nous devons nous débarrasser de l'inutile, ce qui nous empêche d'aller de l'avant. Votre environnement de manière générale, conditionne vraiment qui vous êtes, comment vous pensez, les limites que vous vous imposées, ainsi que les perspectives que vous contemplez. Donc concrètement, revoyez dans votre entourage, les personnes ou les choses qui vous tirent vers le bas et débarrassez-vous-en. Construisez une architecture motivationnelle qui vous inspire au quotidien et qui vous boost dans vos moments de faiblesse. Cherchez des mentors, des personnes qui ont accompli ce que vous tentez de réaliser. Ces mentors, à défauts d'être des personnes physiques, peuvent se faire à travers des livres, des conférences en développement personnel, du coaching ou du tutoriel même sur YouTube. Vous pouvez aussi participer à des mastermind groupes. C'est vraiment la première chose dont vous devrez vous charger avant toute autre action. Autrement, toute tentative pourrait être vaine et retarder votre croissance. Bien souvent, ce n'est pas seulement le fait de discuter avec des personnes négatives ou peu ambitieuses qui nous impacte de manière négative, mais le traitement ultérieur de leur dossier dans notre bibliothèque interne qui occupe de nombreuses heures de notre réveil. J'ai appris que je ne peux pas changer les gens, mais je peux changer de cible et de lieu de rencontre. Ne laissez pas les gens louer de la place dans votre tête. Prenez la décision de vous éloigner de tout environnement qui ne vous sert pas. Ne traînez qu'avec ceux qui vous aident à grandir et qui sont positifs et encourageants.

Ensuite…

Trop de choses à faire, trop de responsabilités, trop de réunions, trop de choses à poursuivre au même moment. Trop de contraintes de tout genre. Plus aucun contrôle des événements de notre vie. Nous ne maitrisons plus le gouvernail de notre navire. Il est temps de faire une pause et de procéder à l'élimination du surpoids que nous transportons. Au chapitre précédent, nous avons analyser notre situation professionnelle et même personnelle à des moments sans prendre part. Juste en observation. Dans ce chapitre qui est la seconde étape vers votre autonomie professionnelle, il sera question de ne plus être observateur, mais d'être acteur. Il faudra commencer le travail de tri, afin de dégager le chemin, mais aussi de soulager le navire et ainsi reprendre le contrôle du gouvernail. Vous allez devoir donc vous séparer de certaines choses.

Désormais, toutes vos décisions et tout votre temps doivent être consacrés aux questions les plus importantes pour vous et votre objectif. Tout ce qui ne correspond pas à cette réalité devrait être éliminé et nettoyé.

La bonne nouvelle est que vous avez le contrôle sur l'endroit où vous accordez votre attention. Réveillez-vous maintenant et concentrez-vous uniquement sur l'essentiel. Posez-vous ces questions : Quels sont mes domaines d'intervention les plus importants ? Quel est mon objectif le plus pressant ? trouvez une réponse à ces questions, et focalisez-vous dessus jusqu'à accomplissement total de cette chose.

Quand je parle de vous débarrasser de choses inutiles, je parle aussi de distractions inutiles. Il s'agit d'activités telles que regarder la télévision, jouer à des jeux informatiques, naviguer sur Internet pendant des heures sans objectif précis, les réseaux sociaux, consulter ses courriels toutes les demi-heures, etc.

Consultez votre courrier électronique une fois le matin et une fois le soir (sauf pour ceux dont les affaires en dépendent, car j'en connais beaucoup), supprimez la plupart de vos profils sur différentes plateformes de médias sociaux et conservez un ou deux ou à la limite ceux qui pourraient représenter des sources d'opportunités pour votre plan de carrière.

Le problème avec ces distractions est qu'elles paraissent si insignifiantes et mineures par rapport à toutes les autres choses que nous faisons, mais elles prennent vraiment beaucoup de temps car nous passons des heures à les faire sans nous en rendre compte. C'est vraiment l'une des choses qui vous retient. Alors soyez en conscient.

Après les distractions, je m'en vais vous présenter à votre bête noire. Celle-ci est la cause principale de tout ce qui vous arrive de bien ou de mal, tant au niveau professionnelle, personnelle que dans votre bien-être de manière générale. Vous mourrez de curiosité de le savoir hein ? je ne vous retiendrais pas longtemps. Il s'agit de l'attitude mentale que vous entretenez. Celle-ci est-elle négative ou positive ? Méditez bien cette question avant de répondre car elle est d'une importance capitale. Ce n'est pas trop le but de ce livre, mais j'en ai parlé dans mon livre « un instinct de succès », votre réalité, les conditions et circonstances de votre vie, vos résultats, difficultés, rencontres et réalisations sont des effets directs de votre mode de pensée. Autrement dit, de vos pensées prédominantes. Pour imager ma déclaration : voyez-vous souvent un verre à moitié vide ou à moitié plein ? La loi de l'attraction fonctionne tout le temps et ne fait aucune différence entre les choses positives et négatives. Cela vous donne juste ce que vous attendez. Beaucoup de gens sont habitués à s'attendre au pire. Ils sont tout le temps négatifs et pleins de doutes, de peurs et de soucis. C'est pourquoi ils en ont de plus en plus. Décidez dorénavant de n'entretenir que des pensées dynamisantes allant dans le sens que de ce que vous voulez voir se manifester dans votre vie. Et vous serez plus que jamais sur la bonne voie pour votre nouvelle décision de vous lancer.

Ensuite vous allez devoir vous séparer définitivement de la procrastination. Une personne démarre presque un projet : une autre le démarre. Un individu termine presque une tâche : l'autre le termine réellement. Un élève réussit presque un examen : l'autre le réussit. Même s'il ne s'agit que d'un pour cent, c'est ce point qui fait toute la différence. J'aime bien cette approche du légendaire Bob PROCTOR car elle illustre bien les deux états d'esprit. Rentrez par exemple dans un wagon de métro parisien et demandez qui a un projet. Sur cent personnes, six personnes peuvent être vont lever la main. Mais parmi ces six personnes les deux n'auront qu'une vague idée de ce qu'ils veulent, car elles n'ont pas encore accepté l'idée qu'elles peuvent y arriver, elles n'ont pas encore pris la peine de coucher clairement leur projet sur papier ni conçu de plans. C'est ce que j'appellerais un rêve au mieux. Ce qui est différent d'un projet. Sur les quatre personnes qui restent, les deux ont "presque" ou sont "sur le point de" là encore, nous sommes loin du compte, ils sont aussi éloignés de leur but que les deux précédentes, et seulement deux personnes sont en réalité en train de suivre un plan d'actions menant à la réalisation de leur idéal. Les cimetières sont remplis de projets avortés ou de projets presque réalisés. Tout ceci, pour vous inciter à passer à l'action. Aussi minime soit-elle. Ce sont les petites actions qui peuvent faire une grosse différence. Qu'essayez-vous d'accomplir ? Dès que vous décidez de ce que c'est, foncez et ensuite corrigez chemin faisant.

ETAPE 3 : SE FIXER ET ECRIRE CLAIREMENT SES OBJECTIFS

« Imaginez un navire au départ d'un port. Son trajet est tout établi et tracé d'avance. Son capitaine et son équipage en connaissent précisément la destination et le temps qu'il leur faudra pour l'atteindre. Ce navire a une destination précise. Dans neuf mille neuf cent quatre-vingt -dix-neuf cas sur dix mille les choses se passeront comme prévu. Maintenant prenons un autre navire, similaire au premier, mais sans équipage ni capitaine à la barre, ne lui donnons pas de destination ni d'objectif. Actionnons ses machines et laissons-le partir. Je pense que vous serez d'accord avec moi : s'il parvient à quitter le port, soit il coulera, soit il finira en épave sur une plage déserte. Il ne peut aller nulle part sans destination ni guidage. Il en est de même pour l'être humain. » Cette description de Earl Nightingale illustre entièrement l'impact qu'un objectif clair peut avoir dans notre décision de croitre.

Vous êtes-vous demandé pourquoi tant de gens travaillent fort et honnêtement sans jamais accomplir quoi que ce soit de particulier, tandis que d'autres, sans grand effort, semblent tout obtenir ? Ceux-là ont en quelque sorte " la touche magique ". Vous avez surement entendu dire de quelqu'un que " tout ce qu'il touche se transforme en or ". Ainsi, avez-vous remarqué qu'une personne qui réussit à tendance à continuer de progresser tandis qu'un homme qui échoue à tendance à accumuler les échecs ? Tout est question d'objectifs. Il y'a ceux qui en ont, et ceux qui n'en ont pas. Les gens qui en ont réussi parce qu'ils savent où ils vont.

À un moment donné de notre vie, nous devons tous avoir des objectifs. Ces objectifs peuvent être aussi simples que d'achever la tâche à la fin de la journée ou aussi grands que ce que nous voulons faire une fois sorti de l'université ou là où nous voulons nous retrouver dans un an.

Beaucoup de gens fixent néanmoins des objectifs, mais peu voient leurs objectifs se concrétiser. Créer un objectif principal défini est un moyen de persuader votre subconscient d'avoir le bon processus mental pour atteindre vos objectifs. Votre objectif principal est une déclaration très spécifique qui a le pouvoir d'influencer votre subconscient. Ce sont tous les objectifs que nous avons fixés, tout en gardant à l'esprit nos capacités et nos ambitions, qui nous permettent de rester concentrés sur notre idéal. A présent que nous avons accepté cette idée qui veut que l'objectif soit le point de départ de tout accomplissement et qu'il est le déclencheur de tout succès, voyons comment il agit dans notre réussite et surtout comment le mettre en corrélation avec les neuf autres principes de notre étude. Nous avons dit plus haut que la seule différence entre deux individus ne se situe que dans l'attitude et que celle-ci était la pensée en action. Cette même pensée était étroitement liée au subconscient et que le subconscient était le seul créateur qui soit, car ayant la charge de notre réalité objective à hauteur de 95%. Il est logique alors qu'une personne ayant en tête un objectif concret et qui en vaut la peine l'atteigne, car c'est à cela qu'elle pense : et comme c'est dit dans le chapitre sur le caractère du subconscient concernant la pensée, nous devenons ce à quoi nous pensons. De la même façon, quelqu'un qui n'a pas d'objectif, qui ne sait pas où il va et dont les pensées sont rassemblements empreints de confusion, d'anxiété, de crainte et de préoccupations, devient ainsi ce à quoi il pense. Sa vie est remplie de frustration, de peur, d'anxiété et de soucis, et s'il ne pense à rien il ne devient rien.

Il y a un énorme pouvoir dans l'établissement d'objectifs. Il vous aide à planifier votre avenir et à rester motivé pour que votre vision devienne réalité. Les résultats vous stimulent et vous dynamisent et chaque nouvel objectif atteint dope votre confiance en soi sans parler de votre égo. Vous avancez aussi avec plus d'entrain. Cependant, pour beaucoup, le succès est perçu comme quelque chose d'insaisissable. Il est perçu comme quelque chose qui n'arrive qu'aux privilégiés et aux exceptionnels. Ou qu'il faut avoir des connaissances exceptionnelles ou une intelligence supérieure que le reste d'entre nous ne pouvons acquérir.

S'il y'a une leçon que j'ai tirée de tous les séminaires, livres, interviews et autres contenus sur le sujet du succès, c'est que le succès n'a rien à voir avec la chance ou le hasard. Même le talent seul ne garantit pas le succès. Deux étudiants sortis de la même faculté, avec le même diplôme et les mêmes connaissances ne vont pas aborder la réussite de la même manière et de ce fait vont exploiter leurs connaissances de manière complétement différente.

Le succès est une histoire de clarté de vision et de connaissances des principes inhérents plus qu'autre chose. Il consiste à déterminer ce que vous voulez et où vous voulez être dans un avenir proche, moyen ou lointain. Ensuite, vous imaginez exactement ce qu'il faudra pour y arriver. Ensuite, vous mettez en place un plan d'action qui vous mènera sûrement dans la bonne direction. Mais ce n'est pas tout le temps le manque d'objectifs qui empêche les gens d'être là où ils veulent être dans la vie. Bien des fois, ils ne les accomplissent pas pour différentes raisons telle que la procrastination, le manque de persévérance etc…

Se fixer des objectifs vous donne une véritable feuille de route pour réaliser votre idéal de vie. Lorsque vous planifiez votre prochain mouvement et que vous vous y tenez, votre esprit ne se demande plus « alors, que dois-je faire maintenant ?», Votre esprit a un point de focalisation sur lequel toute votre énergie est projetée.

ETAPE 4 : COMMENT DEVELOPPER VOTRE PRODUIT OU SERVICE ?

Maintenant que vous avez trouvé le domaine de vos passions et après tout le travail que vous avez consacré au démarrage de votre entreprise, il sera formidable de voir votre idée prendre vie. Mais gardez à l'esprit qu'il faut des caractéristiques pour créer un produit. Si vous souhaitez créer une application et que vous n'êtes pas ingénieur, vous devrez contacter un technicien. Ou si vous avez besoin de produire en série un article, vous devrez faire équipe avec un fabricant. Vous comprenez bien qu'ils existent d'autres alternatives car de nos jours, ils existent littéralement des solutions pour toutes occupations. Malheureusement ce n'est pas le but de ce livre, peut-être dans un prochain, car il faudra plus d'un chapitre pour vous montrer les tas de possibilités qui vous attendent, mais si vous persistez, vous finirez par trouver par vos propres moyens. Alors je vous glisse bien entendu cette étape car elle est non seulement indispensable mais nécessaire pour votre démarche. Mais que ça ne vous fasse pas peur car je vous suggère à la fin de ce livre plusieurs idées que vous pourrez exploiter en fonction de votre personnalité. Mais pour revenir à nos moutons, là commence concrètement les actions de création de votre entreprise de service ou de produit.

Voici une liste de contrôle en sept étapes que vous pouvez utiliser pour développer vos propres produits. Laissez-moi vous souligner un point important, lors de la conception d'un produit, vous devez vous concentrer sur deux choses : la simplicité et la qualité. Votre meilleure option n'est pas nécessairement de fabriquer le produit le moins cher, même si cela réduit les coûts de fabrication. En outre, vous devez vous assurer que le produit peut attirer rapidement l'attention de quelqu'un. Souvenez-vous, nous avons déclaré plus haut que l'essence même de l'entreprenariat, est de trouver une solution à une problématique, et le proposer aux personnes qui rencontrent ce même problème. C'est aussi simple que cela. Laissez-moi vous faire quelques suggestions à prendre en compte à ce stade de votre démarche. Chaque voyage entrepreneurial commence par une idée. Mais comment pouvez-vous donner vie à votre idée ? Prenez le temps d'élaborer un plan d'affaires approximatif et d'anticiper les défis auxquels vous serez confrontés. Par exemple, si vous envisagez de créer une application de réseautage pour les jeunes professionnels du droit, réfléchissez à la logistique qui sous-tend la conception et le développement de l'application, ainsi qu'à la manière dont vous parviendrez à répondre aux besoins de ce marché cible spécifique.

Il y'a beaucoup à penser et vous n'avez pas besoin de connaître toutes les réponses à ce stade. Essayez de créer une carte mentale décrivant le processus permettant de concrétiser votre idée. Cet exercice vous aidera non seulement à créer votre plan d'affaires officiel, mais vous préparera également aux obstacles que vous rencontrerez au cours du processus.

Une fois que votre plan d'affaires et votre idée sont bien définis, il peut être difficile d'accepter la nécessité d'apporter des changements. Bien que cela soit compréhensible après avoir mis beaucoup de temps et d'efforts à développer une idée, il est important d'être ouvert aux changements. Tout au long du processus - de la conceptualisation de votre plan d'entreprise à sa réalisation - votre idée est exposée à d'innombrables facteurs qui pourraient entraîner de petits ou grands changements dans votre plan ou votre idée. Aussi difficile que cela puisse être, être flexible peut faire toute la différence entre le succès et l'échec dans le monde de l'entrepreneuriat.

La passion est ce qui permet aux entrepreneurs de traverser des moments difficiles. Si vous croyez vraiment en ce que vous faites et dans le projet que vous développez, vous serez plus résilient et déterminé face aux obstacles. Avec passion, vous serez également plus efficace dans la communication du potentiel de votre projet et de votre propre potentiel d'entrepreneur.

Assurez-vous que votre idée est ce qui vous motive. En plus de vous motiver davantage, cela améliorera également votre capacité à vendre votre idée à des investisseurs potentiels par exemple.

Autre chose, comme je le dis assez souvent, bâtissez-vous une routine motivationnelle et apprenez encore et encore. Ecoutez des podcasts, assistez à des conférences et à des séminaires s'il le faut, lisez des livres, discutez avec d'autres entrepreneurs à différentes étapes de leur processus… Chaque petit geste compte. Ces informations sont inestimables pour les entrepreneurs en herbe. En écoutant les expériences réelles d'autres entrepreneurs, vous ferez mieux de vous préparer pour votre propre processus. Il est important de garder à l'esprit que chaque expérience est unique, mais en établissant ces liens, vous serez prêt pour ce qui vous attend.

Cette préparation ayant été faite, voyons maintenant quels éléments considérer pour le choix de votre produit ou service. A ce stade, nous considérons que vous avez trouvé votre passion ou vocation. Si vous ne ressentez pas encore ce plaisir motivant dans vos tripes quand vous pensez à votre nouveau projet, retournez à l'étape précédente et cherchez encore. La méthode PAMIVOM doit nécessairement faire ressortir une nette tendance de votre passion.

Pour moi, le développement de produits est toujours l'un des aspects les plus intéressants de la gestion d'une entreprise. J'adore les réunions où nous discutons des nouvelles idées et des services que notre société peut créer. En ce qui concerne les opportunités d'affaires, pour moi, ce n'est jamais un manque d'idées. J'ai toujours des centaines d'idées de nouveaux produits ou services dans lesquels nous pourrions investir du temps et de l'argent.

En fin de compte, il s'agit des problèmes que votre entreprise est capable de résoudre et de ce qu'il faudrait faire pour le résoudre. Il est donc important de garder à l'esprit quelques points essentiels.

Parfois, vous pouvez avoir du mal à trouver un produit ou un nouveau service à proposer, ne sachant pas par où commencer. L'inspiration la plus simple est de regarder ce qui vous manque dans la vie. Quel produit ou service que vous utilisez ne règle pas entièrement votre problème ? Souhaitez-vous reconstruire complètement ce produit ou simplement combler le vide qui lui manque ? Pensez simplement aux problèmes, puis imaginez ce qui résoudrait ce problème particulier. Un nombre incalculable d'entreprises ont connu le succès en se contentant de regarder les imperfections ou les éléments frustrants qu'elles ont observés dans les produits ou services et se sont proposés à résoudre ce problème. Pour illustrer ces propos, prenez le cas de Amazon, Jeff BEZOS a facilité les achats pour les personnes qui détestaient aller dans les magasins avec une expédition rapide par exemple. Vous serez surpris du nombre d'idées que vous pouvez proposer une fois que vous commencez à examiner les possibilités dont vous disposez.

Comme Brian TRACY l'explique si bien, pour réussir en tant qu'entrepreneur, vous devez développer la capacité de sélectionner et d'offrir les bons produits ou services à vos clients sur un marché concurrentiel. Plus que tout autre facteur, votre capacité à faire ce choix déterminera votre succès ou votre échec.

80% des produits et services consommés aujourd'hui sont différents de ceux consommés il y a cinq ans. Et dans cinq ans, 80% des produits utilisés seront nouveaux et différents de ceux utilisés aujourd'hui. Il existe littéralement des milliers de produits et services disponibles pour les consommateurs aujourd'hui. De plus, vous avez des possibilités illimitées d'entrer sur le marché et de concurrencer efficacement avec un nouveau produit ou service qui, d'une certaine manière, est meilleur que ce que proposent déjà vos concurrents. N'oubliez pas que votre habileté à choisir ce produit ou service est essentielle à votre succès.

La chose la plus importante que vous puissiez faire avant de décider quoi vendre est de réfléchir. Et plus vous pensez à un produit ou à un service avant de le commercialiser, meilleures seront vos décisions. Alors, comment commencez-vous ? Pour réussir un produit, vous devez être personnellement et émotionnellement attaché à son succès. Une fois que vous avez un produit ou un service en tête, vous devez commencer par une auto-analyse et vous posez les questions suivantes.

De votre point de vue d'abord :

- Quels types de produits aimez-vous, appréciez-vous, consommez-vous et profitez-vous ?
- Aimez-vous le produit ou le service que vous envisagez de vendre ?
- Vous voyez-vous vous enthousiasmer pour ce produit ou service ?
- Voulez-vous l'acheter et l'utiliser vous-même ?
- Souhaitez-vous le vendre à votre mère, votre meilleur ami, votre voisin d'à côté ?
- Vous voyez-vous vendre ce produit ou service pour les cinq à dix prochaines années ?
- Est-ce un produit ou un service que vous désirez intensément mettre sur le marché ?

Ensuite, analysez le produit ou le service du point de vue du client. Il ne faut surtout pas bâcler cette étape car, bien que vous soyez passionné par votre produit ou service, c'est le problème de votre client que vous souhaitez régler :

- Qu'est-ce que le produit atteint, évite ou conserve pour le client ?

- Comment le produit améliore-t-il la vie ou le travail de vos clients ?
- A quel type de clients allez-vous vendre le produit ?
- Aimez-vous personnellement les clients qui achèteront ce produit ou service ?
- Imaginez que vous ayez engagé un consultant en gestion pour obtenir des conseils sur le lancement de ce nouveau produit ou service. Ils vont droit au but et vous poser ces questions très objectives sur le produit.
- Existe-t-il une demande réelle pour le produit au prix que vous devrez facturer ?
- La demande est-elle assez importante pour que vous puissiez réaliser un profit ?
- La demande est-elle suffisamment concentrée pour que vous puissiez annoncer, vendre et livrer le produit à un coût raisonnable ?

Plus vous aurez une vision 360° de votre produit ou service, mieux vous maitriserez son impact potentiel sur votre futur client. Donc creusez encore plus loin dans son succès potentiel en déterminant la réponse aux questions critiques suivantes :

- Qu'est-ce qui doit être vendu, exactement ? Décrivez le produit en termes de ce qu'il fait pour le client.
- A qui le produit va-t-il être vendu ? Décrivez votre client idéal.
- Quel prix devrez-vous facturer pour que le produit soit rentable ?
- Qui va vendre le produit ?

- Comment le produit sera-t-il vendu ? Quelle méthode de vente ou quel processus de promotion utiliserez-vous ?
- Comment le produit ou service doit-il être fabriqué ou produit ?
- Comment le produit sera-t-il payé et par qui ?
- Comment le produit ou le service va-t-il être livré au client ?
- Comment va-t-il être entretenu, réparé, garanti ou remplacé ?

Pour rester dans cette lancée, Vous devez poser une série de questions supplémentaires avant de prendre une décision finale concernant un nouveau produit ou service.

- Existe-t-il un besoin réel pour le produit ou le service sur le marché actuel ?
- Votre nouveau produit ou service est-il meilleur que tout ce qui existe actuellement ?
- Quelles sont les trois manières dont votre produit est supérieur à vos concurrents ?
- Votre produit est-il moins cher ou de meilleure qualité que tout autre produit disponible ?
- Pensez-vous que vous pourriez devenir le fournisseur numéro un sur le marché de ce produit ou service ?

Pour qu'un produit ou un service réussisse, il doit être le bon produit, vendu au bon moment, au bon client, sur le bon marché. Il doit être produit et vendu par la bonne entreprise et les bonnes personnes. Ce que vous devez décider est le suivant : ce produit vous convient-il ?

Ceci étant dit, ne vous laissez pas intimider par les réponses à ces questions, faites-en plutôt un support de lecture pour vérifier la viabilité de votre choix. Cependant, n'attendez pas que les choses soient parfaites pour vous lancer. Posez-vous ces questions et laissez les réponses devenir autant d'éléments de soutien que de check points pour avancer avec sérénité.

ETAPE 5 : COMMENT ELABORER UN PLAN D'ACTION EFFICACE ?

Savez-vous ce qui nous empêche le plus souvent d'atteindre nos objectifs ou de réaliser nos rêves ? C'est le manque de planification. Nous allons toujours occuper notre temps et il y aura toujours des choses à faire, peu importe ce que ces choses sont. Cependant, sans une bonne planification et une bonne gestion de notre temps, il sera difficile de réaliser le type de croissance que nous souhaitons dans les affaires ou dans la vie.

Chaque propriétaire d'entreprise a des rêves sur l'endroit où il veut emmener son entreprise. Mais tant que ces rêves ne seront pas convertis en un plan stratégique avec des buts et des objectifs, ils ne deviendront probablement jamais une réalité.

Qu'est-ce qu'un plan d'action ? En règle générale, il s'agit d'une stratégie rythmée par des actions et des étapes. Dans la gestion de projet par exemple, c'est une trame qui énumère les étapes nécessaires pour atteindre un objectif. En d'autres termes, un plan d'action clarifie les ressources dont vous aurez besoin pour atteindre cet objectif, en établissant un calendrier pour les tâches permettant d'atteindre cet objectif et en déterminant les ressources dont vous aurez besoin pour y arriver, vous aurez une feuille de route sur lequel vous soutenir pour avancer en toute connaissance de cause et avec stratégie et maitrise.

La création d'un plan d'action puissant commence toujours par une vision ou un objectif clair. Il est conçu pour vous emmener de là où vous vous trouvez actuellement à la réalisation de votre objectif déclaré. Avec un plan bien conçu, vous pouvez atteindre pratiquement tous les objectifs que vous vous êtes fixés.

L'élaboration de plans d'action est une étape importante pour préparer la mise en œuvre d'une stratégie, il consiste à définir plus précisément au préalable ce qui doit être fait, par qui, quand et à quel coût. Les plans d'action devraient être organisés en fonction des objectifs stratégiques, des résultats et des produits qui seront atteints. Ils devraient inclure un budget, un plan de financement et un processus

Maintenant que vous savez comment définir des objectifs SMART, mais également l'importance d'élaborer un plan d'action, le défi consiste à créer et à suivre un plan pour réaliser ces objectifs. Au cours des premiers jours consacrés à la fixation d'un objectif, l'enthousiasme suscite la motivation nécessaire pour obtenir des résultats, mais très peu de gens se lancent dans l'absolu. Les recherches suggèrent que moins de 10% des personnes estiment atteindre leurs objectifs. Si vous êtes prêt à atteindre vos objectifs, vous avez besoin d'un plan. Il sera non seulement nécessaire et indispensable, mais ça vous donnera le coup de pouce nécessaire pour démarrer car autrement, il y'a de fortes chances que vous remettiez tout au lendemain pour justement éviter de sortir de votre zone de confort. C'est ce qu'on appelle la procrastination, qui est une maladie que partage toutes les personnes qui échouent. Pour vous inciter à vous jeter à l'eau, voyons ensemble comment définir un plan d'action efficace.

La répétition étant la clé pour intégrer de nouveaux schémas dans nos habitudes, donc je ne vais pas m'en priver. Considérons que votre objectif répond déjà à la méthodologie SMART vue plus haut, à savoir spécifique, mesurable, atteignable, réalisable et défini dans le temps.

La difficulté pour atteindre ses objectifs est que souvent la date d'échéance est si éloignée que beaucoup de personnes repoussent l'action jusqu'à ce qu'il soit trop tard. Au lieu de cela, en regardant le temps dont vous disposez et l'objectif que vous souhaitez atteindre, créez des mini-objectifs qui vous mèneront vers le grand objectif. Par exemple, si votre objectif est de créer une entreprise afin d'être professionnellement et financièrement indépendant, créez des mini-objectifs correspondant aux étapes nécessaires pour y arriver. Une fois que vous avez votre objectif, oubliez la vue d'ensemble qui peut vous paraitre colossale et focalisez-vous sur l'étape la plus immédiate. Prenez-moi par exemple, lors de l'écriture de mon premier livre, il m'a fallu une année entière pour me décider et encore sans être convaincu. Je voyais trop l'ampleur du travail requis pour un tel objectif. Mais dès lors que j'ai scindé l'objectif en étapes et les étapes en sous-étapes, c'est tout de suite devenu plus réalisable comme par enchantement bien que la finalité restât inchangée. Ceci vous donne une vision plus modeste des efforts à fournir et vous saurez aussi si vous êtes sur la bonne voie ou pas suivant que vous avez atteint ou raté votre mini-objectif.

Au cours de cette étape, précisez ce qui est nécessaire pour atteindre vos mini et grands objectifs dans les délais impartis. En utilisant l'exemple de l'écriture de mon livre par exemple, j'ai dû me donner dans un premier temps une date butoir. Ensuite, diviser les taches en étapes, par exemple l'étape de collecte de contenu, ensuite l'organisation du corpus, combien de mots, pages, chapitres, par jour et pour combien de temps, ensuite la phase édition, ensuite la phase marketing et puis la phase vente. Peu importe l'ampleur de votre projet, cette stratégie viendra à bout des difficultés susceptibles de se présenter. Autrement, vous ne vous lancerez jamais. Combien de personnes connaissez-vous qui après une séance de coaching ou après un très bon séminaire de développement personnel reviennent plein d'enthousiasme. Ils se mettent à définir des objectifs etc… combien d'entre eux pensez-vous vont se lancer ? très peu, car aucune méthode ne leur a été transmise. Savoir comment établir un plan d'action efficace est une étape cruciale à la réalisation de votre but. Voici donc quelques principes de bases à suivre pour vous aider à établir des plans d'action efficaces.

Lorsque vous avez clairement à l'esprit ce que vous souhaitez réaliser, vous pouvez définir les extrants nécessaires pour atteindre les objectifs opérationnels. L'objectif (résultat) de chaque objectif doit être identifié, ainsi que les résultats. Si tel est le cas, cela facilitera l'identification des tâches et activités à mener.

L'identification des activités ne constitue pas en soi un plan d'action, qui doit être plus que l'énumération des activités que nous devons mener à bien. Outre le recensement, un plan d'action ou un programme de travail doit inclure : un calendrier (quand ?) ; une évaluation des capacités existantes afin d'identifier les capacités manquantes (comment ?) ; une évaluation des coûts (combien ?) ; l'identification des acteurs (qui ?) ; mécanismes appropriés pour suivre et évaluer les progrès (pour quoi faire ?).

Un plan d'action comprend :

- Qui va faire quoi - assigner les responsabilités et fixer les objectifs ;
- Quand - estimer l'horaire et la durée de l'activité ;
- Dans quel ordre - déterminer la séquence et la dépendance des activités ;
- Comment - définir les ressources humaines, techniques et financières nécessaires ;
- À quoi ça sert - d'identifier et de choisir des indicateurs qui peuvent être utilisés pour suivre les progrès et suivre les résultats de l'action.

Un plan d'action doit être détaillé et utilisé comme un instrument quotidien pour les personnes en charge de son développement, afin de contrôler les actions, les coûts et le calendrier, de suivre et d'évaluer la mise en œuvre, d'effectuer les ajustements nécessaires et d'évaluer les résultats.

Afin de préparer un plan d'activité détaillé, il convient de prendre en compte les éléments suivants :

- Énumérer les activités principales
- Casser les activités en tâches gérables
- Clarifier la séquence et les dépendances entre les tâches
- Estimer le démarrage, la durée et l'achèvement des activités
- Résumer la planification des activités principales
- Définir les jalons
- Définir les capacités existantes et les apports (équipement, expertise ...) manquants
- Définir les tâches à accomplir
- Un logiciel de gestion de projet peut être utilisé pour préparer le plan d'action, mais un fichier Excel suffit et est plus facile à préparer et à diffuser.

En pratique

Qui et quand

Les acteurs à mobiliser devraient être clairement identifiés dans le plan d'action, en référence aux institutions concernées, à l'intérieur et à l'extérieur.

Lorsqu'une activité fait partie d'une séquence, le plan d'action doit mentionner qu'il s'agit d'une condition préalable à une autre activité ou qu'une autre activité est une condition préalable et prendre en compte les contraintes impliquées.

En conclusion, plus votre plan est détaillé et saccadé, plus claire sera votre vision, et plus pertinentes seront vos actions. Un plan d'action permet réellement de poser l'action adéquate au bon moment. Vous avancerez plus sereinement, avec plus de maitrise et le résultat ne pourra que s'en ressentir. Alors à vos plans amis lecteurs !

ETAPE 6 : ETABLIR UN FIL DE SECURITE FINANCIER

Cette étape de votre démarche est très importante. L'une des plus importantes je dirais. Car il ne s'agit certainement pas de tout plaquer et de vous jeter aveuglément dans votre projet. Ici une précaution particulière est à prendre. De même que vous avez fait le bilan de tout ce qui vous retenait dans votre croissance, vous allez devoir agir de même et revoir la totalité de vos ressources, dépenses, charges etc… J'ai rajouté cette partie pour vraiment vous éviter du stress inutile. Si vous avez des économies et que les autres étapes sont verrouillées vous pouvez par exemple démissionner ou tout au moins le faire progressivement. Dans la plupart des cas, je préconise si vous avez un emploi, de le conserver le temps que votre fil de sécurité financière se mette au vert. Je veux dire par là que vous allez devoir conserver votre emploi, jusqu'à ce que votre projet parallèle commence à générer des revenues régulières pour vous. Six mois de chiffre d'affaires récurrent semble être une bonne balance. Ainsi vous bénéficiez de source stable et régulière de revenu vous permettant de subvenir à vos besoins, d'avoir la tranquillité d'esprit nécessaire pour mener à bien vos projets et il vous dotera de beaucoup plus de confiance pour tester votre idée.

Voici quelques simples suggestions à prendre en compte pour avancer sereinement dans votre démarche afin de respecter consciencieusement les éléments du contrat de votre emploi sans léser d'autre part votre nouvelle entreprise sur laquelle vous comptez pour votre autonomie professionnelle.

- Envisagez de gérer votre entreprise comme une activité à temps partiel parallèlement à votre emploi actuel. Il s'agit d'un excellent modèle car vous continuerez à disposer d'un revenu et d'avantages fiables tout en essayant de trouver le moyen de générer un revenu constant et fiable pour votre entreprise. La dernière chose dont vous avez besoin lorsque vous essayez de développer votre propre entreprise est le stress supplémentaire que représentent les factures impayées qui s'accumulent ou épuisent votre compte d'épargne sans savoir clairement comment le récupérer.
- Comprenez et suivez votre contrat de travail. Cela est particulièrement important si vous faites référence aux inventions et à la propriété intellectuelle que vous développez dans le cadre de votre travail. Presque toujours, tout ce qui est développé à l'heure de la société et qui utilise ses biens appartient à la société. Si vous n'êtes pas sûr des clauses telles que la non concurrence ou la non cumulation d'activités etc.... consultez le manuel de l'employé de l'entreprise pour connaître les références à la propriété des inventions et à la propriété intellectuelle. Pas de manuel ? Demandez à votre responsable des ressources humaines ou à une personne occupant ce rôle d'expliquer

les engagements dans ce sens. Il est important de confirmer que votre petite entreprise n'est pas perçue comme une menace pour votre employeur actuel. Même avant le lancement, assurez-vous de lire tous les accords que vous avez éventuellement signés pour la société pour laquelle vous travaillez.

- La propriété intellectuelle, par exemple, est un territoire trouble, ce qui signifie que si votre idée d'entreprise est perçue comme trop similaire à celle de vos employeurs, vous risquez d'être poursuivi en justice et d'être contraint de fermer. Si tel est le cas, il est conseillé de modifier des aspects trop similaires de votre entreprise. Si vous ne le souhaitez pas, il est peut-être temps de quitter votre emploi
- Économisez votre revenu secondaire. Mettez de côté des réserves de trésorerie à partir des revenus créés par votre start-up qui peuvent vous soutenir lorsque vous déciderez de quitter votre emploi à temps plein. En plus de cela, veillez à mettre en place des directives claires en matière de dépenses et de budget pour votre entreprise parallèle afin de vous assurer que vous ne dépensez pas au-dessus de vos moyens. Le fait d'épargner ou d'investir tous les bénéfices de votre entreprise vous aidera à bâtir un filet de sécurité pour la période de transition à venir une fois que vous n'aurez plus votre travail quotidien.
- Soyez aussi ouvert que possible avec votre employeur. En fait, si votre entreprise n'est pas en concurrence avec la leur, essayez de la transformer en partenaire de collaboration, en client ou en investisseur. Vous pourrez

peut-être même faire en sorte que votre employeur investisse dans votre startup ou vous permette de détenir des actions dans une coentreprise. Si vous pensez que vous pourriez choisir votre employeur en tant que client, investisseur ou partenaire, consultez un avocat pour obtenir des conseils fiables sur la manière de procéder avec prudence.

- Si vous voulez garder votre travail quotidien et travailler simultanément à la croissance de votre entreprise à temps partiel, cela ne vous laissera pas beaucoup de temps pour des activités non essentielles. Décidez de ce qui est important, consultez les autres parties prenantes telle que la famille etc…, puis créez une liste ciblée de toutes les responsabilités et activités que vous réduirez ou éliminerez afin de consacrer du temps à votre entreprise.

- Ne vous sentez pas obligé de quitter votre emploi alors que votre entreprise commence à gagner du terrain. Les nouvelles entreprises traversent des cycles de vie, et certains gains précoces ne signifient pas nécessairement que vous avez une entreprise durable. Vous devez valider votre modèle économique auprès de clients réels et payants, puis traverser une période de plusieurs mois avec une croissance constante de votre clientèle. Avant de songer à quitter votre emploi, vous devez vous assurer que votre revenu secondaire dépasse les besoins de vos dépenses nécessaires pour vous consacrer à plein temps à votre nouvelle entreprise.

- Ne choisissez pas la mauvaise entreprise. Une entreprise qui ne se prête pas à une implication à temps partiel ne vous ira pas très bien si vous ne pouvez le faire qu'à temps partiel. Par exemple, l'ouverture d'un magasin d'aliments au détail peut s'avérer très compliquée. Si vous n'êtes pas joignable, si vous ne participez pas au début ou si vous n'avez pas de partenaire tous les jours, vous vous préparez à un éventuel échec. Si vous cherchez la bonne entreprise pour commencer tout en gardant votre emploi du jour, consultez la liste contenant plus de trente idées d'activités réalistes et réalisables que vous propose à la fin du livre. Cette liste n'est pas exhaustive bien entendu.

- Ne parlez pas de votre entreprise à temps partiel à d'autres employés autour de la fontaine d'eau froide. Cela pourrait être interprété comme une promotion de votre entreprise sur les heures de travail. Informer l'un de vos collègues avec le fait que vous dirigez une entreprise parallèle pourrait poser des problèmes avec votre employeur s'il décide d'en informer la direction. La règle du silence s'étend aux discussions sur les heures de travail avec les clients et les fournisseurs de votre employeur.

- N'ayez pas peur de vous lancer dans l'entrepreneuriat à temps plein au moment opportun. Gérer une entreprise à temps partiel peut être en partie un succès, mais à moins que vous ne deveniez un investisseur passif, l'entreprise ne se développera que jusqu'à un certain point sans votre engagement à temps plein. Une fois que vous avez identifié une demande claire pour votre solution et que vous disposez d'un niveau de revenu durable grâce à votre clientèle croissante, il est prudent de commencer à envisager le saut vers le travail indépendant.

- Gérer votre temps correctement est la première chose à laquelle vous avez probablement pensé lorsque vous décidez de démarrer une entreprise. Mais la gestion du temps ne consiste pas simplement à se lever une heure plus tôt pour élaborer un plan d'entreprise. Penser votre temps comme une chose quantifiable, comme les chèques de paie que vous recevez, vous encouragera à apprendre à l'utiliser le plus possible. Si nécessaire, suivez un cours en ligne gratuit sur la gestion appropriée de votre temps. Ou parlez à d'autres propriétaires d'entreprise qui ont fait la même chose. Une fois votre entreprise lancée, vous réaliserez rapidement que vos heures les plus importantes sont vos atouts. Le temps est vraiment votre atout le plus précieux. Lorsque vous travaillez plus de 35 heures par semaine, cela laisse un nombre d'heures limité à consacrer à votre entreprise. Rédigez un programme de votre semaine et tous vos engagements, que pouvez-vous réduire ?

- Si vous avez un produit, vous devez le valider. La validation peut être un processus approfondi et dépend beaucoup de votre marché. Cela revient-il à savoir si quelqu'un achètera votre produit et pourquoi ? J'ai une connaissance « entrepreneur parallèle » et écrivain à ses heures qui a de nombreuses entreprises prospères, mais son premier échec est dû à la validation du produit. Il n'a pas testé le marché, le prix ou obtenu des commentaires et retours clients.

- Si vous proposez un service (marketing numérique, analyse de données, rédaction de blogs, par exemple), commencez par travailler en free-lance. Commencez à vous procurer des prestations pour créer une base de clientèle et une base pour votre entreprise. Je suggère de trouver des moyens de faire votre travail le plus efficace. Par exemple si vous êtes blogueur, il faudra avoir un processus d'écriture vous permettant de publier des articles de qualité chaque semaine pendant que vous êtes sous contrat.

- Une fois que votre entreprise commence à se développer, vous aurez besoin d'aide. Il n'Ya que quelques heures dans une journée et même le meilleur touche-à-tout ne peut pas tout faire. Qu'il s'agisse de graphisme, de médias sociaux ou de service à la clientèle, d'identifier les points faibles ou les éléments que vous n'avez simplement pas le temps de faire et d'externaliser. Plutôt que d'embaucher un employé, engagez un pigiste. Il existe de nombreux sites Web et services où vous pouvez trouver des personnes pour tout faire : concevoir un logo, faire des courses…

- Evitez de tomber sur le syndrome de l'usurpateur. Ayez le courage de dire à tout le monde que vous êtes un pro et que votre produit va changer leur vie. Si vous avez la bonne mentalité et la positivité voulue pour croire en votre entreprise, elle sera accessible à tous vos interlocuteurs. Peu importe qui vous êtes ou le marché que vous essayez de conquérir, ou ce que vous essayez de réaliser, les clients paieront chaque fois sur un état d'esprit. C'est le plus beau cadeau que vous puissiez leur faire.

- Démarrer sa propre entreprise peut sembler décourageant, mais de nombreuses ressources sont disponibles pour vous aider tout au long du processus. Avoir un emploi à temps plein peut rallonger le processus, mais cela vous apportera également le soutien financier et la stabilité dont vous avez besoin pour réussir à long terme. Commencez avec une base solide, utilisez les outils disponibles, demandez conseil et restez concentré. Assurez-vous juste de commencer dès que vous le pouvez, même le plus petit pas en avant reste un progrès.

ETAPE 7 : INTEGRER UN MASTERMIND

Réunir plusieurs esprits pour discuter d'un problème donne souvent des solutions qui dépassent de loin ce que chacun aurait pu imaginer par lui-même. D'où le proverbe « deux cerveaux valent plus qu'un ».et c'est l'une des principales raisons pour lesquelles les gens décident de rejoindre un groupe Mastermind. Mais saviez-vous que ce n'est que l'un des nombreux avantages possibles pour les participants qui rejoignent un groupe efficace de Mastermind ?

Les divers avantages sont décrits dans de nombreux récits de participants et d'animateurs de Mastermind et bon nombre de ces rapports et listes peuvent être trouvés partout sur Internet. J'ai compilé ci-dessous une liste de ceux qui ont été mentionnés le plus souvent et ajouté quelques-uns des miens. Voici alors une liste de 21 avantages qui pourraient changer votre vie si vous décidiez de rejoindre un groupe Mastermind.

1 : FAIRE PARTI D'UNE COMMUNAUTE EXCLUSIVE

Voyons les choses en face, nous aspirons tous à un sentiment d'appartenance et nous aimerions savoir que notre présence dans un groupe ajoute de la valeur. La nature et la configuration en tant que petits groupes sélectionnés d'individus ayant un objectif commun confèrent aux groupes de Mastermind un air d'exclusivité.

Mais si cela est si exclusif, comment puis-je en tant que personne ne moyenne en rejoindre un ? Heureusement, le concept de Mastermind gagne du terrain dans le monde entier et avec un peu de recherche sur Internet, vous trouverez des groupes pour une grande variété de "spécialités" - des intérêts commerciaux communs, le développement professionnel, la croissance personnelle et spirituelle à des sujets pratiques tels que les groupes pour les mères pour la première fois ou pour les expatriés dans un certain pays.

2 : UN SENTIMENT DE PARTAGE ET DE SUPPORT

Les groupes de Mastermind sont par nature des groupements d'individus partageant les mêmes idées. Pour les entrepreneurs et les professionnels de petites entreprises, l'isolement est une réalité quotidienne et les groupes de Mastermind peuvent surmonter une grande partie de ce sentiment de solitude.

3 : UN RESEAU DE SOUTIEN INSTANTANE ET PRECIEUX

Un groupe réussi de Mastermind devient bien plus qu'un groupe de personnes qui ne se rencontrent qu'à des moments prédéterminés et se transforment de plus en plus en un groupe de soutien et souvent en cercle d'amis où les membres communiquent chaque fois qu'ils ont besoin de conseils.

4 : UNE SOURCE DE COLLABORATION

Les groupes de Mastermind sont axés sur la communication et l'échange d'idées et de conseils dans les deux sens. Tous les membres s'engageant à faire leur part, c'est un excellent échange d'idées et une excellente collaboration.

5 : AIDE A PENSER PLUS GRAND

Ne dit-on pas que « dis-moi qui tu fréquentes et je te dirais qui tu es ? ». Si différentes opinions se rejoignent, il est inévitable que les points de vue et les opinions de l'individu soient augmentés. Au fil du temps, ces personnes ont également tendance à s'ouvrir davantage, à se remettre en question et commencent généralement à élargir leurs propres processus de pensée.

6 : DE LA SYNERGIE DANS L'ACTION

Etant donné que les participants du groupe Mastermind sont sélectionnés avec soin, il est facile d'obtenir une grande quantité de synergie. Préférez les masterminds animé par un coach, car en plus de l'échange avec le groupe, vous bénéficiez de coaching professionnel ce qui est toujours un grand plus.

7 : OFFRE DE NOUVELLES PERSPECTIVES

La combinaison de différents participants, chacun avec ses propres expériences et contributions, conduira inévitablement à regarder sa propre situation avec un nouveau regard. Très souvent et d'ailleurs dans la plupart des cas, nous changeons complétement nos perspectives après avoir intégré un mastermind.

8 : DES RETOURS HONNETES, DES CONSEILS PERTINENTS ET UN BRAINSTORMING EFFICACE

La nature et la configuration des groupes Mastermind sont telles que les membres individuels apportent au groupe les problèmes qu'ils affrontent et que tous les participants abordent ensuite ces problèmes. L'intimité du groupe permet de s'ouvrir et de ne pas se retenir, ce qui conduit à des réponses très honnêtes, ce qui est souvent difficile à obtenir dans la vie de tous les jours et en particulier dans les entreprises où différents programmes et insécurités conduisent à des réactions très prudentes.

9 : RECEVOIR DES INFORMATIONS CRITIQUES SUR SOI-MÊME

Les commentaires que l'on obtient dans un groupe Mastermind transcendent les idées d'entreprise et les problèmes qui font l'objet de discussions et s'appliquent au propre Soi. Quoique effrayant au départ pour beaucoup, il est également très libérateur de passer en revue le Soi dans un environnement sûr et d'obtenir une contribution impartiale.

10 : PLUS D'UN OPINION A CONSIDERER

Un autre avantage d'un auditoire dynamique est de pouvoir renoncer à ses propres idées et plans et d'obtenir une évaluation critique en éliminant ses propres lacunes ou manque d'informations.

11 : EXPLOITER L'EXPERIENCE ET LES COMPETENCES DES AUTRES

Alors que les participants sont sélectionnés pour leurs synergies, tout le monde vient inévitablement d'un contexte différent et possède des forces et des expériences différentes. Un groupe Mastermind permet aux membres de s'appuyer mutuellement.

12 : NOUVEL APPRENTISSAGE

La diversité des expériences et des compétences, associée à un partage et à une discussion honnête des problèmes, conduit inévitablement à de nouveaux apprentissages - à la fois pour la personne qui partage ses problèmes et pour le reste du groupe. On rapporte souvent d'ailleurs que les « contribuant » en apprennent souvent davantage car ils n'auraient généralement jamais pensé à la question débattue.

13 : DES CONNAISSANCES SPECIFIQUES

Lorsqu'on discute d'un sujet particulier, il est très probable que l'un des membres connaisse le sujet ou sache au moins à qui demander ou où trouver une personne qui puisse l'aider. La connaissance commune grandit inévitablement.

14 : ETENDRE SON RESEAU

Les membres d'un groupe de Mastermind ont tous leur propre réseau et, avec le temps, ils partageront généralement des connaissances si nécessaire. Chaque participant dispose ainsi d'un réseau personnel très étendu et sera en mesure de rencontrer un grand nombre de personnes auxquelles il n'aurait jamais eu accès.

15 : DES RESSOURCES SUPPLEMENTAIRES

Comme pour les réseaux personnels, chaque participant d'un groupe Mastermind aura également accès à de nombreuses ressources pouvant profiter à l'ensemble du groupe. Si l'on peut exploiter ces ressources au profit du groupe, le résultat est souvent encore plus étendu et le résultat devient supérieur à la somme des parties.

16 : PERMET D'AFFINER VOS COMPETENCES PERSONNELLES ET PROFESSIONNELES

Exploité et piloté correctement, un groupe de Mastermind peut considérablement accélérer la croissance de chacun des membres individuels - à la fois sur le plan personnel et sur le plan professionnel.

17 : IL BOOST VOTRE ATTITUDE MENTALE AU QUOTIDIEN

La positivité générale d'un groupe Mastermind bien géré transcende le temps où le groupe dans son ensemble est habité par un état mental globalement amélioré des participants. Cela peut même être expliqué médicalement : le fait de côtoyer des personnes avec qui vous êtes à l'aise et d'atteindre vos objectifs stimule certaines des soi-disant hormones du bien-être et du bonheur. Faire partie d'un groupe de Mastermind améliore effectivement votre santé physique et mentale...

18 : VOUS GANEZ DE LA CONFIANCE EN VOS CAPACITES DE PRISE DE DECISION

Obtenir des retours positifs, être capable de répondre aux questions et de chercher des réponses conduit inévitablement à de meilleures décisions et par conséquent à une plus grande confiance en soi et finalement à une boucle de feed-back positive.

19 : CONCEVOIR LES CHOSES EN FONCTION DE VOTRE VISION ET NON EN FONCTION DE CE QU'ON VOUS A DIT

Une fois de plus, délibérer sur un sujet ouvre de nouvelles façons de le voir et de (re) constituer les éléments qui répondent à vos besoins. Vous n'êtes plus l'esclave de votre environnement et de votre situation, car vous pouvez prendre le contrôle.

20 : RESPONSABILITE ET PROGRES REELS DANS VOTRE ENTREPRISE ET VOTRE VIE PERSONNELLE

Au sein du groupe de Mastermind, nous suivons directement le point précédent et l'augmentons : vous laissez non seulement exprimer vos engagements, mais vous engagez activement auprès de ceux-ci en les discutant et en les cristallisant d'une part, puis en vous tenant responsable de la réalisation de vos projets et de vos objectifs. Objectifs d'autre part.

21 : VOUS ETABLISSEZ DE NOUVEAUX HABITUDES

En fin de compte, beaucoup de vos progrès seront déterminés par la formation de nouvelles habitudes. L'expérience vient avec la pratique et la répétition et c'est seulement en éliminant ou au moins en réduisant les anciennes habitudes et en les remplaçant par une "nouvelle normalité" que vous pourrez vous développer personnellement et professionnellement.

Comme on peut le constater, cette liste est assez longue et constitue à mon sens l'une des pierres angulaires du succès mondial et de la popularité croissante des groupes Mastermind.

L'harmonie avec le psychisme humain explique également pourquoi ce type de construction sociale peut être trouvé naturellement dans toutes les sociétés du monde. Tout ce que font les groupes Mastermind, c'est exploiter les avantages et tenter de minimiser les risques.

Je finirais cette partie en vous rappelant cette vérité scientifique qui veut que « Vous soyez la moyenne des cinq personnes avec lesquelles vous passez le plus de temps. ».

Il existe bien d'autres avantages à intégrer un mastermind, mais je suis totalement certain que vous avez compris où je veux en venir. Passons à présent au prochain chapitre.

CHAPITRE 4 : LES 10 PILLIERS DE LA MOTIVATION

« Pour réussir, votre désir de réussite doit être plus grand que votre peur de l'échec. »

Bill COSBY

Vous devez bien vous imaginer qu'une motivation optimale n'est pas simplement une histoire ni de volonté, ni de caprice passager mais une décision venant supporter une intention ferme d'accomplir quelque chose. Et pour que cette motivation perdure dans le temps et surtout pour qu'elle puisse résister aux inévitables obstacles, elle doit être soutenue par des piliers solides.

La plupart d'entre nous ont des tonnes de rêves ou d'objectifs, que ce soit dans notre vie personnelle ou au travail, mais le plus difficile est de trouver le moyen de nous rendre où nous voulons être. Heureusement, un certain nombre d'habitudes peuvent vous aider à rester motivé et à intégrer dans votre vie quotidienne la bonne attitude pouvant vous aider à atteindre le succès que vous désirez. Il est parfaitement normal de se sentir parfois paresseux ou dépourvu d'inspiration, mais c'est à nous de trouver des moyens de maintenir notre motivation.

J'ai l'habitude de dire que la motivation découle d'habitudes intelligentes et non l'inverse. Vous n'avez pas besoin d'être d'abord motivé pour adopter une nouvelle habitude dans votre vie. L'ordre le plus sensé est de commencer une habitude pour qu'elle agisse comme une motivation. Ici votre premier atout sera de vous demander sérieusement pourquoi vous voulez réussir. Pourquoi vous voulez réaliser ce que vous avez décidé de réaliser, la réponse à cette question doit être murement réfléchie, car elle sera le fondement de base de votre motivation. Autrement dit, votre motif d'action. Une personne qui rentre dans un supermarché et qui vole une pomme parce qu'elle a faim, ne va pas hésiter longtemps malgré les risques encourus. Son acte s'explique par la motivation engendrée par son manque de choix face à la faim. Vous devez être dans ce même état d'esprit pour déclencher une motivation de qualité. Nous avons tous des moyens différents d'atteindre nos objectifs, mais certains conseils utiles peuvent permettre à quiconque de sortir d'un marasme. Si vous sentez que vous avez besoin d'un coup de pouce dans votre éthique de travail ou simplement d'une étincelle de créativité, envisagez d'adopter ces 10 habitudes qui peuvent vous aider à rester motivé autant que possible. Considérez-les comme des piliers clés pouvant supporter votre motivation après avoir répondu à votre question « pourquoi ».

PILLIER N°1 : Aime ce que tu fais, et fais ce que tu aimes.

Lorsque nous faisons ce que nous aimons nous excellons. Nous atteignons souvent un état de flux, qui dope aussi bien la créativité que la productivité. C'est un état dans lequel vous vous engagez pleinement dans ce que vous faites et vous utilisez pleinement vos compétences. Le temps passe vite et la relation entre vous et votre tâche est parfaite.

La poursuite de la maîtrise nous permet d'être satisfaits de notre travail et nous pousse vers un niveau de productivité supérieur. En fait, des études montrent que le désir de défis intellectuels est le meilleur prédicteur de la productivité.

L'inverse a aussi une influence, bien que négative : faire des choses qui ne posent aucun défi ni satisfaction est une source de frustration. Nous devons impérativement veiller à faire ce que nous aimons et à aimer ce que nous faisons.

C'est plus simple à dire qu'à appliquer je vous l'accorde. Ici, selon la méthode PAMIVOM proposée plus haut, trouvez d'abord ce qui vous passionne, ensuite faites en votre mission. Si vous n'abandonnez pas la partie et si vous utilisez votre imagination et votre créativité, vous allez pouvoir vous placez naturellement dans l'univers de votre passion qui fera appelle à vos compétences naturelles. Ensuite s'applique le cercle vertueux qui veut que plus vous maîtrisez une compétence, plus vous appréciez l'exercer.

PILLIER N°2 : Entourez-vous de personnes motivantes

Les gens ont un impact énorme sur votre vie. « Vous êtes la moyenne des cinq personnes avec lesquelles vous passez le plus de temps », a déclaré Jim Rohn, entrepreneur et conférencier motivateur américain. En gardant cela à l'esprit, vous devriez penser aux personnes avec lesquelles vous passez du temps de la même façon que vous pensez à ce que vous mangez et à la façon dont vous vous entretenez.

Certaines personnes peuvent être des parasites. Elles aspirent votre bonheur, votre énergie et peut-être certaines de vos ressources vitales. Vous pouvez passer du temps avec eux dans la même catégorie que de manger des nachos sur le canapé. Voyons ensemble quels sont les avantages de vous entourer de personnes inspirantes.

Nous ne pouvons pas tout faire nous-mêmes. Il est donc important de vous entourer de personnes qui vont vous élever, pas vous décourager. Écrivez au moins cinq personnes pour faire partie de votre équipe de soutien et donnez-leur un rôle à chacune. Par exemple, vous pouvez avoir un ami qui est doué pour vous conseiller et un autre ami qui sait écouter. Vous n'êtes pas obligé de leur dire quel est leur rôle, mais cet exercice vous aide à savoir qui vous devriez tendre la main lorsque vous n'êtes pas sous votre meilleur jour.

Si après avoir exposé à un proche votre intention de vous lancer dans l'entreprenariat et qu'elle vous déclare son scepticisme quant à la réussite de votre objectif, il vous faudra au moins quatre autres validations pour contrer l'effet négative de la première personne. C'est comme si vous avanciez à pas de caméléon. Un pas en avant et quatre en arrière.

L'un des meilleurs moyens de trouver la motivation est de trouver ceux qui sont sur la même longueur d'onde et qui le partage librement. Passez du temps avec ces personnes et vous verrez le monde différemment. C'est simple. Lorsque vous êtes entouré de gens motivés, ils vous contaminent par le principe de l'effet miroir, comme le dit si bien l'adage, qui se ressemblent s'assemblent. Voici plusieurs raisons pour lesquelles vous devriez considérer veiller sur vos fréquentations : Lorsque vous fréquentez quelqu'un de motivé, il vous sera plus difficile de trouver des excuses à tout bout de champs. En outre, vous aurez quelqu'un qui vous remettra en selle avec des encouragements en vous boostant si besoin. Le principe du cerveau collectif est aussi un argument de taille quand on intègre un groupe. Car, si par exemple vous êtes bloqué sur une idée, vous aurez l'aide d'autres cerveaux pour soutenir votre réflexion. Comme vous le savez, deux cerveaux valent mieux qu'une.

PILLIER N°3 : Dégrossissez votre projet en sous étapes

C'est génial d'avoir de grands objectifs à atteindre, tant dans votre vie professionnelle que dans votre vie personnelle. Mais si la distance entre votre position actuelle et vos objectifs est trop grande, vous vous préparez peut-être à l'échec. Les objectifs ambitieux sont d'abord inspirants et motivants, mais ils peuvent devenir intimidants s'ils ne sont pas accompagnés de mesures concrètes pour les atteindre. C'est pourquoi vous devez décomposer vos objectifs en tâches réalisables.

Bien sûr, avant de décomposer vos objectifs en tâches, vous devez avoir des objectifs. Pas seulement des objectifs, mais des objectifs bien établis. Il est important que les objectifs que vous vous fixez soient aussi précis que possible. Prenons l'exemple de la course à pied d'un marathon, nous savons tous que ce n'est pas que le démarrage qui compte. Tout dépend de votre ambition. Si votre objectif est de courir un marathon, qu'est-ce que cela signifie exactement ? Pouvez-vous marcher une partie du marathon ? Voulez-vous terminer dans un délai précis ?

Une étude scientifique du changement de comportement dans le régime alimentaire ou dans le sport montre que des objectifs spécifiques et ambitieux conduisent à de meilleures performances que des objectifs vagues. Il est très probable que cela s'applique également à des domaines autres que la nutrition et l'exercice physique.

Définissez clairement ce que vous visez et écrivez-le. Vous avez vos objectifs, vous avez vos étapes et vos tâches. Il est maintenant temps de commencer à travailler sur chaque tâche.

Le gros avantage de la décomposition de vos objectifs en tâches réside dans le fait que cela crée de petites étapes réalisables. Il ne doit faire aucun doute que vous pouvez effectuer chaque tâche individuellement, ce qui vous donne la confiance nécessaire pour avancer rapidement vers votre objectif.

Mais imaginez-vous debout au pied d'une montagne les yeux vers le sommet éloigné. Si vous regardez au sommet, vous pourriez vous sentir dépassé par l'ampleur de votre randonnée. Vous pourriez même commencer à douter si vous êtes capable de gravir la montagne. Maintenant, si vous regardez à quelques centaines de mètres au-dessus de votre position, vous pouvez le scinder en étapes ce qui tout de suite est beaucoup plus réalisable que de gravir la montagne.

Lorsque vous décomposez les objectifs en tâches, vous divisez ce qui peut sembler impossible en une suite d'étapes réalisables.

Vous pouvez de temps à autre utiliser la technique de la visualisation et vous imaginez là-bas afin de vous rappeler pourquoi vous voulez y arriver. Mais gardez les yeux rivés sur l'étape suivante et marchez fermement vers elle, sachant que c'est ce qui vous mènera au sommet de la montagne.

PILLIER N°4 : Célébrez les petites victoires

Nous voulons tous atteindre nos objectifs et ce sont ces objectifs qui donnent un sens à nos vies - nous donnent quelque chose à poursuivre tout en nous aidant à nous améliorer. Mais avez-vous déjà essayé d'atteindre un objectif ambitieux pour finir par l'abandonner ? Vous avez commencé à travailler pour atteindre votre objectif, mais avec le temps, vous avez eu le sentiment que c'était finalement trop ambitieux. Comment allez-vous pouvoir l'accomplir ? Avez-vous déjà eu le sentiment d'avoir passé autant de temps à essayer d'atteindre votre objectif mais d'avoir l'impression que vous tournez en rond ? Si vous répondez oui à cette question, sachez que vous n'êtes pas seul. En tant qu'humains, nous sommes construits pour voir naturellement les problèmes, c'est un mécanisme de survie dirait-on. Les mauvaises performances nous donnent rapidement le sentiment que nous avons échoué, ce qui entraîne généralement l'abandon de nos rêves et objectifs.

Alors, quel est le secret pour atteindre ces objectifs ? Les gens qui réussissent aisément tout le temps, comment font-ils ? Qu'est-ce qui les rend si différents ? Beaucoup de gens peuvent attribuer le succès des autres à la chance ou à un talent naturel qui leur permet d'exceller dans ce qu'ils veulent réaliser. Oui, cela peut être le cas, mais la plupart du temps, il s'agit d'un état d'esprit particulier et d'une manière de voir leurs objectifs dans leur ensemble. La clé du succès est de réaliser que nos grands objectifs peuvent ne pas se réaliser du jour au lendemain, ni la semaine prochaine ni même l'année prochaine. Nous avons tendance à nous concentrer sur les objectifs finaux plutôt que sur les petites réalisations qui nous permettent lentement mais surement à atteindre notre objectif. C'est pourquoi il est important de reconnaître et de célébrer les petites victoires. Autrement, nous risquons de voir diminuer notre motivation et cette motivation est ce qui nous maintient sur la bonne voie et nous donne la force de nous battre jusqu'au sommet de la montagne.

La récompense est l'un des meilleurs moyens pour rester motivé. Trop souvent, nous regardons ce que nous faisons de mal, au lieu de ce que nous faisons de bien. Il n'est donc pas surprenant que beaucoup d'entre nous aient du mal à rester fidèles à nos objectifs alors que nous ne leur faisons que rarement des éloges. Rappelez-vous plutôt de célébrer chaque petit succès. Même s'il ne vous reste plus qu'à terminer votre liste de tâches tôt le matin, n'oubliez pas de vous féliciter.

Il est donc important de vous assurer de célébrer vos petits objectifs en cours de route. Reconnaissant ces étincelles, les circuits de récompense de notre cerveau libèrent des produits chimiques qui nous procurent un sentiment de fierté, bien-être et de bonheur et nous donnent envie d'aller plus loin vers l'étape suivante.

PILLIER N°5 : nous devons rattacher notre motivation à un objectif majeur

Vous devez comprendre qu'un but plus grand que soi est un catalyseur de vitalité extraordinaire. Une femme frêle peut se rendre compte après coup qu'elle vient de soulever un objet de cent kilos pour sauver son enfant pris au piège dans un feu. Demandez à cette même femme d'essayer à nouveau dans un contexte normal. Elle ne prendra même pas la peine de vous écouter car elle sait qu'elle échouera d'avance. Qu'est ce qui explique son exploit quelques minutes auparavant, rien sinon l'ampleur de la finalité qui se cache derrière son geste. C'est l'exemple parfait de ce qu'un but majeur peut nous amener à faire. Plus votre but représente votre raison d'être, plus grande sera votre motivation. Posez-vous ces dix questions suivantes pour allumer ce feu que cause la puissance d'avoir un but majeur, et vous serez motivé pour le restant de votre vie.
Voici les dix questions :

1 – C'est quoi ma mission de vie ?
2 – Qu'est ce qui mérite que je me lève tous les matins ?
3 – Où est-ce que je ne suis pas comblé et qui m'empêche de dormir ?
4 – Quel héritage pourrais-je laisser au monde ?
5 - Quand suis-je le plus en vie ?
6 - Que signifie réussir pour moi ?

7 - Comment pourrez-je utiliser mes talents naturels pour une activité qui présente un intérêt profond pour les autres et moi ?

8 – Que puis-je faire aujourd'hui pour faire une différence dans la vie d'une personne ?

9 – Ai-je le sentiment d'être accompli le soir quand je me couche ?

10 – Si j'avais le choix, choisirais-je la vie que je mène actuellement ?

Les réponses à ces questions ne sont pas tant pour dévaloriser votre vie actuelle que pour laisser votre inconscient vous fournir des réponses à ces questions ouvertes.

PILLIER N°6 : appréciez ce que vous avez avec gratitude

Nous savons tous à quel point il est bon d'être remercié pour ce que nous faisons. Recevoir un courriel de remerciement d'un ami est souvent suffisant pour nous soulever et nous donner de l'énergie pour toute la journée. L'ironie dans cette formule magique est que c'est en réalité la personne qui remercie qui tire le meilleur parti de ce simple geste. Être reconnaissant change ce que vous ressentez pour la vie.

La gratitude contribue à 80% à la qualité de votre motivation. C'est une déclaration puissante que d'avoir de la gratitude pour ce qu'on est sur le point de recevoir. C'est également une vraie preuve d'une confiance en soi saine. La gratitude permet aussi de se focaliser sur les éléments positifs plutôt que sur ceux qui sont négatifs. En cas de difficultés, les fatalistes se braquent immédiatement et commencent à ruminer du noir, tandis que quand nous avons de la gratitude, nous nous mettons à chercher ce que la situation contient de positif.

Naturellement cette attitude nous met dans une motivation optimum, et renforce par la même occasion notre conviction. La prochaine fois que vous vous sentez découragé et que vous ne semblez pas voir la lumière au bout du tunnel, prenez un moment pour réaliser à quel point vous avez de la chance de pouvoir écrire votre histoire. Car en effet vous avez et le droit, le devoir mais également les capacités de réinventer votre vie si celle ne vous convient pas. La gratitude est une source de motivation qui ne tarit jamais. Lorsque vous ressentez un sentiment de gratitude, vous sentez que vous pouvez tout faire. Utilisez-le à votre avantage et comme motivation pour atteindre vos objectifs peu importe ce qu'elles sont.

PILLIER N°7 : veillez à votre attitude mentale

La pensée négative est presque toujours centrée sur deux domaines : le passé et le futur. Vous ruminez et revivez des événements passés douloureux, frustrants ou honteux, ou vous vous inquiétez d'un événement prévu ou d'une rencontre qui ne s'est pas encore produite. Dans les deux cas vous êtes attaché à une illusion. Le passé n'est plus. Le futur n'existe pas. Mais d'une manière ou d'une autre, vous êtes capable de créer une énorme quantité de gêne par rapport à ces scénarios inexistants. Vos pensées sévissent dans votre cerveau, créant toutes sortes de ravages sans que personne ne les en empêche. C'est comme avoir un enfant en bas âge à la maison dont les parents n'appliquent aucune règle ou restriction. Vos pensées produisent des émotions puissantes, et ce sont ces émotions qui peuvent rendre votre vie misérable et difficile. J'espère qu'avec ce livre vous êtes à présent en mesure de contrôler vos pensées pour enfin devenir le maître de votre cerveau. Une fois que vous apprenez à contrôler vos pensées, vous pouvez développer une attitude positive qui favorise la tranquillité d'esprit, la confiance en soi, le bonheur et la conscience de soi. Ici, je ne peux vous suggérer qu'une attitude pleine conscience afin de veiller continuellement sur vos émotions et sentiments. Vous verrez c'est comme du sport, plus vous pratiquez meilleur vous serez.

PILLIER N°8 : répondez à votre « pourquoi »

Si vous avez déjà passé du temps avec des enfants, vous avez été submergé par la plus classique des questions les plus classiques de l'enfance : « Pourquoi ? Même dès le plus jeune âge, nous savons intuitivement que le motif d'une action est l'élément le plus important de toute histoire. Quand il s'agit de votre objectif - que vous soyez déjà lancé ou si vous êtes encore dans la phase de la page blanche - connaître votre "pourquoi" vous aidera à rester attaché à votre rêve et à aider les autres à y participer également.

Tout le monde a un « pourquoi » connaissez-vous le vôtre ? Oubliez vos "limites", il n'y a pas de limites, seulement celles que vous avez créées dans votre tête. Vous n'en avez plus besoin. Mais si vous renoncez à vous-même, vous deviendrez un prisonnier de votre propre vie, souffrant de toutes les occasions manquées qui se trouvaient devant vous et que vous auriez dû avoir le courage de réaliser. Si vous n'êtes pas entièrement résolu à faire de votre vision une réalité, vous ne serez pas assez passionné pour nourrir votre projet malgré les inévitables problèmes qui surgiront.

Trouver votre raison POURQUOI, votre BUT est essentiel si vous voulez réussir.

Si vous n'avez pas de RAISON forte derrière vos actions, vos actions sont moins susceptibles de générer des résultats de qualité. Si vous avez un « POURQUOI » fort, vous avez tout le carburant dont vous avez besoin pour vous faire avancer - vers le succès.

PILLIER N°9 : pratiquez les affirmations et la visualisation créatrice

Saviez-vous que les affirmations de motivation peuvent vous aider à rester motivé ? Absolument ! Il est si facile en tant qu'entrepreneur de se sentir épuisé ou frustré sans savoir vers qui se tourner. Sachez qu'un état d'esprit négatif absorbe la bande passante mentale et l'énergie dont vous avez besoin pour rester concentré et performant. Pourtant, il est essentiel de conserver une attitude optimiste face aux échecs. Si des pensées négatives vous empêchent d'atteindre vos objectifs ou si vous manquez de confiance en vous, le recours à des affirmations positives pour motiver booster votre motivation peut impacter de manière positive dans votre vie. Utilisez alors des affirmations ou des images qui vous aide à rester positive. Les affirmations ou les visualisations sont vraiment des outils puissants pour rester motivé. Car par la force de votre volonté et votre imagination créatrice, vous transmettez un message clair à votre subconscient de l'humeur que vous souhaitez entretenir. Et sans exception, vous redressez toujours la barre et sortez toujours vainqueur après cette séance. Les pensées négatives ou le discours intérieur deviennent un obstacle invisible, même lorsque vous travaillez dur pour réaliser vos rêves et profiter de la vie.

Inversement, des pensées positives vous donneront la motivation nécessaire pour accomplir de grandes choses tout en vivant une vie passionnante, pleine de passion. Votre humeur peut se transformer immédiatement si vous répétez des affirmations positives tout comme celles qui sont négatives. Les affirmations de motivation fonctionneront tout autant que la visualisation créatrice. Lorsque vous répétez des mots, votre esprit crée des scènes et des images qui peuvent vous aider à vous concentrer sur ce que vous voulez réaliser. Essentiellement, des répétitions fréquentes influenceront l'esprit subconscient afin de modifier sa façon de penser, de se comporter et d'agir.

PILLIER N°10 : Gagner en reconnaissance auprès de sa famille et de ses paires

Bien que l'approbation de pairs et d'experts puisse être importante pour votre carrière, dans votre vie, rien ne se compare à l'influence de votre famille.

Très peu de gens font ce qu'ils font juste pour eux-mêmes. La famille et les personnes que nous aimons sont généralement la raison qui nous pousse à nous dépasser. Soit pour pouvoir accomplir notre devoir de père, d'époux, d'épouse, de frère de sœur et même d'ami soit pour ne pas les décevoir. Ils sont très largement notre première source de motivation. Ils sont aussi un pilier capital de notre motivation car alors ils nous soutiennent peu importe le nombre de foi que nous avons échoué. Je suis bien conscient que cela n'est pas toujours le cas, mais je parle de manière générale. Prenons l'exemple d'un couple, la relation est tellement étroite que s'il n'y a pas de soutien mutuel, aucune motivation ne peut perdurer. Alors, réfléchissez à la manière dont votre famille peut vous motiver et l'inscrire dans votre esprit. Choisissez aussi des partenaires qui vous soutiennent au lieu de vous tirer vers le bas.

Quant à l'estime de ses pairs, pourquoi pensez-vous que les soldats en temps de guerre abandonnent leur vie au combat, pourquoi le font-ils ? Est-ce dû au patriotisme, à la conviction de la cause pour laquelle ils se battent ou à la crainte d'une cour martiale s'ils agissent autrement ? Toutes ces choses jouent peut-être un rôle, mais des recherches approfondies ont montré que ce qui motive vraiment un soldat à bien combattre est le désir de respect de la personne qui se bat juste à côté de lui. Ceci est beaucoup plus important que les médailles ou autres formes de reconnaissance publique. Ceci est similaire à ce qui motive les vendeurs sur le sol d'un concessionnaire automobile, les étudiants dans une salle de classe ou une équipe d'avocats essayant de gagner une affaire. Alors vouloir égaler voir se surpasser aux yeux de vos pairs, peut également être une source solide de dépassement et de motivation. Cependant nous sommes d'accord que tout ceci ne sera que secondaire car vous faites ce que vous faites parce que vous êtes passionné et vous voulez le réaliser.

« La meilleure raison pour lancer une entreprise est de créer du sens, de créer un produit ou un service qui contribue à améliorer le monde. »

Guy KAWASAKI

« Il y a bien des manières de ne pas réussir, mais la plus sûre est de ne jamais prendre de risques. »

Benjamin FRANKLIN

Une certaine philosophie du bonheur voudrait que nous nous contentions de peu, et que ce serait là l'ultime sagesse. Le problème c'est que se contenter de peu est souvent une invitation vers la médiocrité et l'insatisfaction. Nos rêves et nos désirs les plus fous sont finalement des prétextes pour favoriser notre croissance personnelle. Au final nier ses désirs et vouloir les tenir en laisse, risque de ralentir tout autant notre croissance personnelle.

En augmentant votre exigence personnelle vous décidez de ce que vous ne voulez plus vivre et de ce que vous voulez vraiment vivre. Cela suppose que vous agissiez aussi ***en harmonie avec vos valeurs***, pour devenir une personne plus cohérente. Chaque matin vous serez animé (e)s par cet écart entre ce que vous vivez et ce que vous voulez et cela vous mettra naturellement en mouvement. Le paradoxe c'est que vous pouvez très bien avoir de très hautes exigences tout en appréciant ce que votre situation actuelle vous offre déjà.

Vous n'avez pas besoin de détester votre vie pour en vouloir une plus belle (quoique l'on dise la qualité de la vie de l'individu dépendra largement de la qualité de sa vie aussi professionnelle que personnelle). Donc vouloir des choses que vous n'avez pas encore n'est pas nécessairement synonyme de frustration et de mécontentement. Au final c'est votre attitude qui déterminera si cela vous sert, ou vous dessert. Avoir de l'ambition n'est-elle pas la caractéristique de l'être humain qui a le pouvoir de se projeter dans l'avenir et de tout mettre en action.

Voici donc une liste tout aussi inspirante que motivante, qui vous donne quelques idées plus qu'exploitables afin de vous lancer dans votre quête d'autonomie et de création de vie sur mesure. Cette liste n'est pas exhaustive, car des idées il y'en a bien entendu une infinité. Si vous avez bien suivi notre trame, vous avez déjà développé un instinct de succès inébranlable et bien aiguisé pour venir à bout de n'importe quel projet. Sachez que l'échec n'existe pas, ce n'est qu'un contre temps pour nous apprendre ce que l'on ne savait pas à un stade de notre idéal. Il ne devient échec, que lorsque nous baissons les bras et décidons d'abandonner la partie.

Autre chose, si votre passion ne se trouvait pas sur cette liste par hasard, trouvez un problème que vous ou vos connaissances rencontrez, trouvez une solution à ce problème et proposez-le au public. Vous verrez, vous aurez du mal à arrêter le flux d'énergie pécuniaire et le succès s'immiscer dans votre vie. Vous n'êtes pas non plus tenu de réinventer la roue. Différenciez-vous par le service, la valeur ajoutée, l'intention, l'éthique et la promesse tenue. Laissez une impression de croissance à quiconque croisera votre chemin et ceci aussi bien en social que dans le professionnel. Donner et recevoir sont les deux faces d'une même pièce. Il faut d'abord donner avant de pouvoir recevoir comme le cultivateur doit semer avant de pouvoir récolter. C'est la loi de la compensation. Habillez votre produit ou service de tous les critères que vous aimeriez vous même retrouver dans vos achats. Proposez-le de la meilleure des manières possibles. Ajoutez un geste supplémentaire dans votre interaction avec vos clients ou prospects et chargez d'amour votre offre. Aimez votre produit ou service, aimez votre client. Notez bien ceci car c'est d'une importance capitale. Vous êtes dans la création et dans l'innovation. Donc vous n'avez aucun concurrent malgré ce qu'on voudra bien vous faire croire. Focalisez-vous dans l'unique but qui consiste à donner vie et énergie à votre entreprise. La loi de la compensation s'occupera du partage naturel et équilibré et de la récompense adéquate équivalent à l'effort fourni.

Voici maintenant quelques idées de business pour vous lancer dès la fin de ce livre.

DANS LE E-COMMERCE

Le secteur du e-commerce continue à progresser de manière très rapide, **avec une croissance d'environ 15% par an.** C'est aussi un secteur très évolutif, dont il convient de bien saisir les principales tendances.

Tout d'abord, résumons le e-commerce français en quelques chiffres :

- 90 milliards d'euros de chiffre d'affaires,
- 38 millions de consommateurs en ligne,
- 33 transactions par an en moyenne,
- Un panier moyen de 65 €,
- 182 000 sites marchands, dont seulement deux tiers sont rentables,
- 0,5% des sites de e-commerce concentrent à eux seuls 61% des ventes.

1. Distribuer des produits sous forme de box (cosmétiques, produits du terroir…), par exemple en les commercialisant en ligne.

2. Plateforme de rencontre pour seniors

Une personne de plus de 65 ans sur trois se sent seule, selon Pro SENECTUTE. Pour pallier l'isolement, une start-up américaine a développé une application qui met en relation les personnes âgées qui vivent proches l'une de l'autre. STITCH n'est pas réservée aux seuls seniors souhaitant trouver l'amour. On peut aussi participer aux activités du groupe local – telles que des dégustations de vin –, organiser des voyages ou simplement parler au téléphone. L'app propose également un abonnement payant ainsi qu'un service d'assistance par téléphone, un détail qui fait la différence auprès des aînés.

3. TRIPADVISOR pour parents

Une plateforme en ligne qui se présente comme un puits de ressources pour les parents débordés. A la fois place de marché et site communautaire, la plateforme permet de réserver des services locaux (traiteurs, activités sportives, pédiatres, organisation d'anniversaires), de poser des questions aux autres membres ou de noter les services proposés.

4. Aide aux enfants en difficultés scolaires

Le marché des cours particuliers a connu un essor important à partir de la fin des années 1990. Un collégien sur cinq et un lycéen sur trois ont eu recours au moins une fois dans leur scolarité à un professeur à domicile. Cette tendance est sous-tendue par des parents de plus en plus inquiets pour l'avenir de leurs enfants, et un système scolaire clairement tourné vers la compétition et la sélection par les notes.

5. S'installer coach sportif ou personnel et se déplacer à domicile.

- **Le coaching sportif** : accompagnement personnalisé de sportifs ou de particuliers pour la perte de poids, la musculation, la diététique, l'esthétique ou encore le développement musculaire. Le coach sportif entraîne ses clients dans une ambiance motivante. Il peut aussi intervenir en préparation mentale. Le coach sportif détermine un programme en fonction de l'âge, de l'état de santé, mais aussi du but que le client s'est fixé.

- **Le coaching personnel** : coach en développement personnel, coach en rangement (home organiser), coach en organisation, coaching de vie, gestion des émotions, coaching en relations humaines, coaching en séduction, ou encore lutte contre la dépression. Le coach de vie utilise les outils et les méthodes de son choix pour parvenir aux objectifs fixés.

6. Créer un blog sur un thème que vous connaissez bien et monétisez-le

Créer un blog peut être une activité rentable, mais il existe un important décalage entre le moment de l'effort et le moment du retour sur investissement. Par conséquent vous devrez faire preuve de patience et de persévérance.

Les premiers revenus substantiels pourraient être tirés après 6 mois à 1 an de travail.

Les autres qualités nécessaires pour réussir sont les suivantes :

- Aimer écrire et savoir rédiger (si possible sans faute d'orthographe),
- Être passionné et se sentir concerné par son sujet,
- Être rigoureux, chercher à recouper les informations à la manière d'un journaliste spécialisé,
- Aimer rendre service : dans un premier temps, vous allez en effet beaucoup donner sans forcément avoir de retour,
- Être régulier dans son travail.

7. Créer une boutique en ligne.

Ouvrir une boutique en ligne est une aventure passionnante mais qui nécessite des compétences solides, à la fois sur le plan technique et sur le plan de la communication-vente. Mais ces connaissances peuvent s'apprendre chemin faisant. Une bonne dose de patience et de persévérance sera nécessaire. Mais c'est le moyen le plus rapide pour générer des revenus passifs. Sur le plan technique, ouvrir une boutique en ligne n'est pas très compliqué. De nombreuses solutions clés en main (gratuites ou payantes) existent et sont accessibles aux non-initiés. En réalité, le principal enjeu consiste à attirer les clients potentiels sur sa e-boutique, ce qui est loin d'être simple mais largement faisable pour quelqu'un de motivé et de persévérant. Je vous parle en connaissance de cause.

8. Créer une boutique DROPSHIPPING.

Le DROPSHIPPING est destiné aux e-commerçants qui font le choix de ne pas avoir de stock. Pour cela, ils vont passer un contrat avec un ou plusieurs fournisseurs afin de leur permettre de présenter leur catalogue sur leur site e-commerce. Conséquence, à chaque commande passée, c'est le fournisseur qui s'occupe de la gestion et l'envoi du colis.

- ECOPRESTO est une marketplace de fournisseurs en DROPSHIPPING
- Toncommerce.com permet de créer sa plateforme e-commerce en DROPSHIPPING et propose également une liste de fournisseurs.

9. La box de livre

Les box mensuelles ont la côte et la littérature n'échappe pas à la règle. Quel plaisir de recevoir chaque mois une petite sélection, personnalisée selon ses goûts, à dévorer ?

- Livre-mois : Un mois = un livre, cette box s'occupe de recueillir vos envies littéraires pour vous proposer le meilleur de la lecture, sous l'effet-surprise.
- Avec La Box de Pandore, votre enfant reçoit mensuellement sa petite boite entre 3 et 6 livres accompagnés de friandises et jouets.

10. L'Affiliation

Expliqué en une phrase : L'affiliation est le fait toucher des commissions en vendant les produits des autres. Ceci marche pour n'importe quel type de produit et n'importe quel type de niche. Voici quelques exemples que je trouve très rentables :

Exemple 1 : Faire un blog sur la photo et mettre en avant des liens affiliés vers Amazon. Amazon France verse 3% par vente sur les produits électroniques, c'est 18 euros de commissions dans la caisse de votre entreprise pour chaque vente d'un appareil d'une valeur de 600 EUR. Vous n'avez pas à payer la TVA puisque vous faites du service à une autre entreprise qui est Amazon.

Exemple 2 : Faire un blog sur le voyage et le monétiser avec le programme d'affiliation de TRAVEL PAYOUTS. Toucher 10e par réservation de vols est un événement assez fréquent. Certains membres de la formation Ventes SEO arrivent à très bien s'en sortir.

11. Concevoir des applications consommateurs

Vous pouvez lancer une application d'informations nutritionnelles, comparateur de prix, traçabilité des produits, information et notation de l'éthique d'un produit. Ça marcherait très bien, car le comportant d'achat du client a complètement changé à l'air numérique. 2/3 des clients vont à la pêche d'avis avant de se lancer à l'achat d'un nouveau produit. Vous pourriez le proposer aux entreprises des mises en avant de leurs produits et services ainsi que de la publicité.

12. Vendeur sur marketplace

De plus en plus de e-commerçants renoncent à créer leur propre site de e-commerce, préférant **passer par l'intermédiaire de marketplaces** telles Amazon, Rakuten ou EBay, Etsy ou encore Ali Express. Vendre à travers une marketplace offre de nombreux avantages : cela permet d'accéder à une audience très large et de diminuer les coûts de développement du site. Ici par contre, l'idée est de choisir la marketplace la mieux adaptée à votre produit et de valoriser votre offre à travers des descriptifs et des **visuels de qualité.**

13. La croissance du e-commerce B to B.

De plus en plus de professionnels achètent en ligne, notamment pour ce qui concerne les voyages et déplacements, les fournitures ou encore le matériel informatique. De nombreuses **opportunités B to B** vont s'ouvrir dans les prochains mois et années : renseignez-vous ! Il y'a des diversités de produits que vous allez pouvoir exploiter pour vous faire une place avec une niche bien étudiée.

14. Vendre des produits numériques

Que vous soyez coach, consultant, free-lance ou que vous gérez un bloc, vendez votre expertise sous forme de produits numériques. Vidéo-coaching, livre numériques, coaching via webcam etc…

15. Ecrivez un livre sur votre domaine d'expertise

Que vous soyez coach, consultant, free-lance ou que vous gérez un bloc, je ne trouve pas de moyen plus rapide pour vous positionnez en expert, vendre au prix fort, commencer directement au sommet. Ça peut vous ouvrir assez rapidement des portes pour des séminaires, des conférences et peut vous mener vers d'autres horizons. En plus de cela, avec la nouvelle réalité du secteur, écrire un livre est à la portée de toutes personnes ayant quelque chose à dire.

DANS L'ARTISANAT

16. Créer une activité de traiteur bio

L'activité de traiteur consiste à vendre des plats préparés en boutique ou en ambulant, mais aussi à organiser des réceptions, pour le compte d'entreprises ou de particuliers. L'activité peut être exercée avec ou sans local ouvert au public.

L'activité de traiteur ne nécessite aucun diplôme, ce qui la rend accessible mais très concurrentielle.

17. Créer un dépôt-vente de vêtements d'occasion

Le marché de l'occasion est plus porteur que jamais, en particulier pour les vêtements, la maroquinerie, les chaussures, mais aussi la puériculture et la mode enfantine.

A la recherche de bonnes affaires, les Français de toutes catégories sociales n'hésitent plus à se lancer sur le marché de la seconde main, à la fois pour vendre et pour acheter.

18. S'installer vidéaste-photographe par drone.

Enregistrez des vidéos et éditez des contenus multimédias à l'aide de logiciels gratuits tels que Convertisseur Vidéo par FREEMAKE ou GIMP (open source). Mettez en ligne des clips et films HD sur votre site Web personnel pour présenter votre talent. Attirez plus de clients sur votre portefeuille Web en utilisant Instagram et BEHANCE

19. Créer une activité de petit bricolage et multiservice.

Nombreux sont les particuliers qui disposent de compétences en matière de bricolage ou de petits travaux et qui souhaitent les mettre à profit en créant une micro-entreprise ou auto-entreprise, même sans diplôme.

On parle d'activité en multiservice, ou d'activité d'homme toutes mains.

20. Créer une activité de toiletteur canin à domicile.

S'installer toiletteur canin ou reprendre un salon de toilettage est un projet qui s'adresse aux passionnés d'animaux au fait des techniques d'entretien des chiens et des chats. Sachez que les activités associées à une passion, sont les plus lucratives.

C'est un métier qui nécessite des compétences techniques, un bon contact avec les animaux, des capacités de gestion, de l'aisance relationnelle et aussi une certaine résistance physique.

21. Conciergerie pour femmes enceintes

La conciergerie propose des services en lien avec la grossesse et l'arrivée d'un enfant : création et envoi de liste de naissance et de faire-part, organisation de BABY-SHOWER, installation de la chambre du bébé, achat des accessoires et vêtements nécessaires. Elle peut aussi proposer des packs grossesse à différents niveaux du processus.

22. Box de bouquets de fleurs

Le concept des box à domicile propose un service de livraison de bouquets de fleurs. Le client fait son choix sur le site internet et reçoit sa commande le même jour. Exit le fleuriste du coin : les créations florales proviennent directement du maraîcher. Les clients peuvent également souscrire à une formule d'abonnement et recevoir ainsi des bouquets de manière régulière.

23. Nettoyage de lendemains de fête

C'est une idée facile à mettre en place, en raison de son faible coût. Il y a cependant deux défis majeurs à l'arrivée d'un tel service. La petite taille de la demande dans un premier temps : les jeunes gens en France ne sont pas si nombreux et l'activité se concentre sur deux ou trois jours en fin de semaine. La culture ensuite : contrairement aux Anglo-Saxons, je ne suis pas sûre que beaucoup de Français soient prêts à voir débarquer chez eux des inconnus alors que leur appartement est sens dessus dessous et qu'ils ont trop bu la veille. Mais peut-être que la génération Y peut être plus facilement séduite.

24. Proposer des lieux inédits pour les EVENTS

En France, la société PRIVATEASER propose de rechercher, sélectionner et réserver des bars, des salles ou des restaurants dans le cadre d'événements d'entreprise, d'anniversaires, d'AFTERWORKS, de mariages ou de lancements de produits. Une offre qui semble avoir trouvé sa clientèle : à ce jour, plus de 600 000 particuliers et 2800 entreprises ont recouru à ce service.

25. Gestion des coupons de Promo

Avec l'émergence des différents sites de regroupement de promotions et réductions tels que Groupon ou Réduc, ainsi que toutes les promotions des différents détaillants, difficile de savoir où donner de la tête. Centraliser tout cela en une seule plateforme permettrait de bien guider le consommateur et ainsi de ne louper aucun bon plan.

26. L'entrepreneuriat éthique

L'éthique est un enjeu de plus en plus présent dans les médias et dans les esprits. Dans certains secteurs, c'est désormais un critère aussi important que le prix ou la qualité.

Les produits végan ou respectueux des animaux.

Porté par les médias et l'évolution des consciences, l'engouement pour le mode de vie végane progresse rapidement : le taux de croissance de ce marché est de 80% !

Tous les produits de consommation courante sont concernés, et pas seulement les produits alimentaires.

Les vêtements éthiques.

La *fast fashion* vivrait-elle ses derniers instants ? Quoi qu'il en soit, de plus en plus d'entrepreneurs se dirigent vers la création de gammes de vêtements éthiques, à travers des produits à forte valeur ajoutée.

Made in France, commerce équitable, confection locale : le rapport au vêtement évolue. Le prêt-à-porter jetable est aujourd'hui largement concurrencé par des produits plus durables et aussi plus chers.

LES SERVICES ET LE TOURISME.

27. Créer une plateforme de mise en relation pour le partage d'outils ou ustensiles de cuisine

Voici une des idées que je pourrais appeler une idée en or. A l'heure de la conjoncture et de la connectivité instantanée, les partages de biens tel que Airbnb etc… est la réponse pour des millions de personnes joignant difficilement les deux bouts.

28. Proposer des services de WEDDING-planner et organisation de voyage de noces

Un WEDDING planner est un organisateur de mariage : le WEDDING planner conseille, propose, planifie, budgète, recherche les partenaires, négocie avec eux, organise et enfin supervise le mariage. A noter que le WEDDING-planner ne se substitue pas aux différents prestataires, mais les coordonne. Certains WEDDING-planners prennent toutefois en charge eux-mêmes la décoration.

Vu du côté du client, faire appel à un WEDDING planner doit permettre de gagner en temps et en efficacité, mais aussi en prix et en sérénité.

29. Créer une entreprise de cours de cuisine

Si l'expression *« il cuisine comme un chef »* revient souvent quand vos amis parlent de vous, si vous adorez être derrière les fourneaux et transmettre votre passion de la table, pourquoi ne pas donner des cours de cuisine ?

Aucun diplôme n'est obligatoire lorsque l'on se lance dans l'enseignement de cours à domicile.

En revanche, **l'expérience est essentielle** ! Il ne vous viendrait pas à l'idée de conduire une voiture si vous n'aviez jamais appris ne serait-ce qu'à la démarrer ? Eh bien, la cuisine, c'est pareil ! Il faut cependant **savoir cuisiner, et même plus !** Il faut être capable d'apporter quelque chose à vos élèves qui ne seront pas tous forcément des novices, selon la cible que vous choisissez.

30. Le tourisme participatif

C'est une nouvelle tendance en opposition au tourisme de masse. Le touriste 2.0 souhaite vivre une expérience inédite placée sous le signe de la découverte. Cette tendance place le touriste au centre de sa stratégie en lui permettant d'échanger pour créer un lien social avec les autres clients.

- SAKADO conçoit des voyages au Ghana, Togo et Bénin, basés sur la découverte, la solidarité et l'échange, avec une densité variable selon les voyageurs (allant d'aventurier au voyage plus zen). Chaque voyage est allié à un développement communautaire
- TRIPNCO est une application qui permet de trouver des personnes aux mêmes intérêts pour voyager/faire des activités ensemble tout en se partageant les frais.

31. Filmer ses voyages, créer une chaîne YouTube et la monétiser

Les chiffres du tourisme sont toujours très bien orientés. 2019 devrait être une très belle année. Le tourisme mondial est en progression de 7% en moyenne par an, en fort rebond depuis le début des années 2010. L'Europe et l'Afrique sont les destinations qui progressent le plus, notamment autour du bassin méditerranéen. L'Espagne est en voie de dépasser les Etats-Unis pour la place de 2ème pays touristique. La France reste n°1 en termes de nombre d'entrées.

32. Devenir conférencier sur le thème du voyage et des rencontres

Il sera nécessaire de définir un thème précis pour être reconnu comme un expert sur son domaine.

33. Créer un réseau social de souvenirs de voyage et le monétiser

Faire rêver les personnes, partager des souvenirs, se remémorer des anecdotes et surtout partager ses photos de voyage à l'heure où les réseaux sociaux sont la seule source d'inspiration, de partage et de recherches d'idées.

34. Créer un réseau social ou un site de rencontre

C'est une des voies royales du succès sur Internet. Les start-ups qui ont réussi à créer et à imposer leur communauté ont vu leur valorisation immédiatement exploser : Facebook, Twitter, Pinterest, Instagram, LinkedIn, Airbnb, Blablacar, Viadeo…

Pourtant créer un réseau social est une aventure très exigeante, qui comporte plus de risques d'échec que de chances de succès ;

35. Organiser des retraites de Yoga, de méditation, de coaching de vie etc...

Le mal être persistant des populations et le besoin persistant de retrait et de se ressourcer prédit un bel avenir pour les business du bien-être, de la connaissance de soi et surtout de détachement à une réalité de plus en plus pesante. Vous n'êtes pas obligé d'être vous-même formateur, vous pouvez louer les services d'un expert intervenant et vous occuper du logistique etc...

36. Devenir photographe professionnel

Que ce soit dans l'événementiel tels que les mariages, les soirées privées, les anniversaires et autres rencontres à mémoriser, ou bien tout simplement proposer vos photos sur des plateformes telle que 123rf pour permettre aux entrepreneurs, aux startups et aux particuliers d'illustrer leur contenu à travers leurs opérations marketing ou tout simplement sur les réseaux sociaux. Vous pouvez aussi proposer vos services sur des marketplace tel que EVER sous forme d'abonnement et être sollicité par une clientèle de particuliers ou de professionnels. Les possibilités sont multiples.

37. Ecrire et publier une série de livres sur le thème du voyage et des cultures du monde

Comme j'ai dit plus loin, l'écriture d'un livre est beaucoup moins compliquée qu'il n'y paraît, et en outre difficile de faire mieux pour asseoir son autorité en un rien de temps. En plus de cela, c'est un revenu passif que vous pouvez vendre dur plusieurs années et peut vous ouvrir en parallèle d'autres opportunités. Alors, si vous aimez voyager et découvrir de nouvelles cultures, tenez un journal sous forme de livre, et partagez-le avec des milliers de personnes qui ne demandent qu'à rêver.

L'HEURE EST MAINTENANT A L'ACTION

*« Chaque acte peut devenir fort et efficace si vous gardez à l'esprit votre **VISION** en le posant et si vous y mettez le pouvoir tout entier de votre **FOI** et de votre **DÉTERMINATION**. »*

Wallace D. WATTLES

Une personne démarre presque un projet : une autre le démarre. Un individu termine presque une tâche : l'autre le termine réellement. Un élève réussit presque un examen : l'autre le réussit. Même s'il ne s'agit que d'un pour cent, c'est ce point qui fait toute la différence. J'aime bien cette approche du légendaire Bob PROCTOR car elle illustre bien les deux états d'esprit. Rentrez par exemple dans un wagon de métro parisien et demandez qui a un projet. Sur cent personnes, six personnes peuvent être vont lever la main. Mais parmi ces six personnes les deux n'auront qu'une vague idée de ce qu'ils veulent, car elles n'ont pas encore accepté l'idée qu'elles peuvent y arriver, elles n'ont pas encore pris la peine de coucher clairement leur projet sur papier ni conçu de plans. C'est ce que j'appellerais un rêve au mieux. Ce qui est différent d'un projet. Sur les quatre personnes qui restent, les deux ont "presque" ou sont "sur le point de" là encore, nous sommes loin du compte, ils sont aussi éloignés de leur but que les deux précédentes, et seulement deux personnes sont en réalité en train de suivre un plan d'actions menant à la réalisation de leur idéal. Les cimetières sont remplis de projets avortés ou de projets presque réalisés. Tout ceci, pour vous inciter à passer à l'action. Aussi minime soit -elle. Ce sont les petites actions qui peuvent faire une grosse différence. Qu'essayez-vous d'accomplir ? Quelle petite chose faire aujourd'hui pour augmenter votre efficacité ? Vous êtes probablement à deux doigts d'atteindre le succès. Le plus grand inventeur de tous les temps Thomas EDISON disait dans toute sa sagesse que "Beaucoup d'hommes ayant échoué ne savaient pas que à quel point ils étaient proches du succès quand ils ont abandonné" ne soyez pas parmi ces hommes. Lancez-vous sans hésitation et persévérer jusqu'à aboutissement de vos efforts.

Dans le but de vous accompagner le plus loin possible et de vous fournir le maximum d'indications, je me propose de vous suggérer ci-dessous un plan d'action si simple et si puissant qui vous permettra de déployer vos nouvelles connaissances à travers une nouvelle attitude de pensée et d'action. Ce plan repose et sur mon expérience personnelle et sur les résultats du test suprême de l'expérimentation en générale.

Tout d'abord…

Lisez les dix étapes du plan d'action encore et encore et encore. Car souvenez-vous, vous n'êtes pas en train de lire un livre de fiction, mais un livre d'enseignement pratique avec des notions puissantes. Donc une relecture n'est jamais de trop. Laissez-vous imprégner par les idées proposées.

Ensuite….

Prenez dans chaque plan d'action l'idée que vous comptez mettre en place dans le sens de votre réussite et de votre bien être et notez-le dans votre journal de plan d'action.

Puis….

Tel que Napoléon Hill l'a suggéré dans son œuvre magistrale "THINK AND GROW RICH", procédez avec cette méthode en six étapes et vous constaterez automatiquement des résultats au-delà de vos espérances.

1. Décidez de votre objectif, celui qui vous tient le plus à cœur en ce moment même. Là il faudra noter précisément le résultat escompté. Exemple : si c'est monter votre boite de toilettage pour chien, il faudra noter exactement en quoi consiste l'activité.
2. Précisez nettement ce que vous avez l'intention de donner en échange. Que comptez-vous faire pour déclencher le résultat que vous souhaitez ? Quelle activité ou occupation comptez-vous mettre en place pour réaliser votre désir ?
3. Fixez-vous une date butoir, c'est à dire la date à laquelle vous comptez entrer en possession de votre souhait. Soyez raisonnable. Ici ce sera en fonction de votre projet, de la maîtrise et des réalités inhérentes. Il faudrait que ce soit scientifiquement et humainement possible.
4. Etablissez un plan rigoureux pour réaliser votre désir et commencez immédiatement, que vous

soyez prêt ou non. Le "comment" viendra chemin faisant. Si vous attendez, jamais vous ne vous lancerez car le bon moment arrive très rarement. Lancez-vous et redressez la barre au fur et à mesure.

5. Maintenant, rédigez votre intention en précisant sur papier avec clarté et concision, votre objectif, ce que vous comptez donner en échange. Fixez une date limite pour la réalisation de votre objectif et décrivez clairement les étapes du plan que vous comptez mettre en place.

6. Enfin, prenez quatre cartes de la taille d'une carte de visite et inscrivez-y le résumé de l'étape cinq. Ensuite placez une carte dans votre portemonnaie, une à côté de votre tête de lit, une autre devant votre miroir de maquillage ou de rasage et une quatrième placée sur la porte de votre placard où vous cherchez vos vêtements tous les matins. Maintenant, lisez à haute voix ce que vous avez couché sur carte, trois fois par jour. Faites-le une fois au réveil le matin, une fois pendant la journée et enfin une fois avant d'aller vous coucher.

Chose importante : RESSENTEZ profondément la JOIE de l'obtenir et soyez en reconnaissant. Tout au long de la journée, dirigez constamment votre attention sur des pensées qui vous font du bien. Si vous vous sentez stressé, déprimé ou mal à l'aise, reportez immédiatement votre pensée sur votre " image mentale claire". Relisez le chapitre sur la loi de la polarité et comment utiliser vos émotions positives.

Autre chose : APPRÉCIEZ constamment ce que vous avez et ce qui vous arrive. Recherchez sans cesse ce qui est appréciable dans votre journée et ressentez de la gratitude pour ces choses.

Et surtout, AMUSEZ-VOUS en appliquant les principes de ce livre. Recherchez à chaque instant ce qui vous rend HEUREUX ! Souvenez-vous, le seul moment qui soit est le moment présent. Le passé n'est qu'une illusion et le futur n'arrivera jamais car nous vivons un éternel moment présent. Le seul moment que vous avez est le moment présent. Soyez alors heureux et faites tout ce que vous pouvez faire sur ce moment.

Vous avez tout le temps ! Habitez-vous par la certitude que vous détenez la lampe d'Aladin, la clé universelle qui vous ouvre toutes les portes menant au succès, à la réussite, au bien-être, à la vitalité et à une bonne santé. Avancez avec sérénité, courage et sang-froid. Vous avez entre les mains une méthode non pas aléatoire comme la plupart des gens, mais une méthode scientifiquement prouvée.

Selon une enquête effectuée auprès de vieilles personnes, le regret le plus récurrent chez eux c'est d'avoir gaspillé leur vie et leur énergie dans des choses vaines et de ne pas avoir suivi le chemin de leur passion car ils ont vécu toute leur vie dans la conformité et la procrastination. Bien souvent, on tâtonne tel un aveugle alors qu'un fil d'ariane menant au bonheur existe et reste disponible pour tout un chacun. Ne soyez pas parmi ceux-là. Prenez en main votre vie avec une méthode toute tracée.

Quant à moi, ma mission est d'accompagner toute personne en quête de soutien, une épaule amicale. J'ai comme ambition de faire parvenir ces connaissances partout où le besoin se fera ressentir. Je reste disponible autant que possible et n'hésitez pas à prendre contact avec moi où avec mes équipes, et ce sera avec honneur et un réel plaisir que j'emprunterais avec vous le chemin qui vous mènera vers la réalisation de vos ambitions les plus élevées. Retrouvez mes contacts ci-dessous et mes lignes resteront ouvertes de nuit comme de jour. Conseillez le livre à vos proches et amis. Aidez d'autres personnes comme vous l'avez été avec ce livre. Partagez le message et aidez les personnes à la traîne à rattraper le train en marche, car l'heure n'est plus à l'ignorance ou à l'hésitation. Si vous faites connaître ce livre ne serait-ce qu'à une seule personne, vous contribuerez à la révolution mentale en marche et offrirez à cette personne une opportunité sans prix de s'élever au-dessus de la multitude et de vivre une vie digne de ce nom.

Ce livre contient encore une fois de plus tout ce dont vous avez besoin pour adopter la bonne attitude envers la vie avec confiance et sérénité. Cependant dans le souci de rester concis et succinct, je n'ai pas pu glisser dedans mes outils de coaching et d'autres éléments de méthodologie et de suivi de votre évolution, n'hésitez pas alors si le besoin se fait sentir, de revenir vers moi à travers mes différents programmes. Et j'accompagnerai votre croissance de la manière la plus rigoureuse et avec un réel plaisir.

Le plaisir de la vie c'est vraiment l'expérimentation. Ne vous limitez pas, ne vous vous censurez pas, ne vivez pas dans le compromis. Visez haut et grand, relevez-vous lorsque vous tombez, essayez encore et encore. Persévérez jusqu'à manifestation de votre idéal de vie. Et seulement alors vous aurez aussi bien cette satisfaction réservée à ceux qui ont accompli, mais aussi la qualité de vie à laquelle vous aspirez et qui est digne de vous. Que la santé, l'amour, le bien-être, la joie, la prospérité ainsi que le succès vous accompagnent. Et maintenant, toujours dans cette optique de vous fournir des outils vous permettant de rehausser votre qualité de vie, votre condition et les circonstances que vous rencontrez, voici dix habitudes qu'on retrouve partout où il y'a de la réussite.

10 HABITUDES QUE PARTAGENT TOUS CEUX QUI REUSSISSENT

Soyez-vous contrôlez votre journée, soit c'est elle qui vous contrôle vous n'avez pas d'alternative. »

Jim ROHN

Chaque jour avec ses surprises. L'entrepreneuriat est difficile. Cela exige une discipline constante et de la confiance en soi. Beaucoup de gens ne vont pas en profiter. Mais pour ceux qui sont déterminés, qui peuvent trouver le moyen de se débrouiller, l'entrepreneuriat est l'emploi, le style de vie et l'identité les plus enrichissants qu'une personne puisse souhaiter et vivre dans sa vie. Ce chapitre vise à donner aux entrepreneurs en herbe que vous êtes une longueur d'avance pour créer des habitudes indispensables dont tous les entrepreneurs ont besoin ou vous aider à les réaffirmer pour les entrepreneurs existants.

Vous êtes-vous déjà demandé pourquoi aller de l'avant peut parfois sembler être une telle lutte ? La vérité est la suivante : si vous voulez avoir beaucoup de succès, vous devez être très discipliné. J'ai interrogé d'innombrables dirigeants et entrepreneurs sur les activités quotidiennes qui les aident à réussir, et ils attribuent généralement des routines quotidiennes simples qui ont fait leurs preuves au fil du temps pour leur donner un avantage.

Voici alors 10 habitudes que je vous invite à considérer pour ne pas dire adopter. Vous n'êtes pas obligé de changer le monde ou de créer de nouvelles façons de faire. Pas pour l'instant tout au moins. Relevez et dans votre cas observez ce qui se fait de mieux, notez les façons de faire qui fonctionnent et adoptez les tout simplement. Si les mêmes causes produisent les mêmes effets, alors les mêmes comportements doivent produire les mêmes résultats. De ce fait intégrez les dix habitudes qui nous semblent indispensables pour incarner votre statut d'homme d'affaires.

1 : LISEZ A PROPOS DE VOTRE INDUSTRIE ET TENEZ VOUS CONSTAMMENT AU COURANT

Les leaders sont des lecteurs entend -on souvent. Prenez l'habitude de lire. J'ai déjà entendu quelqu'un dire que le succès laisse des indices. L'un des moyens par lesquels le succès laisse des indices pour les personnes qui réussissent est lorsqu'un livre est écrit par une personne qui réussit ou au sujet de cette personne. Souvent, de nombreuses années d'expérience sont entassées dans les pages d'un tel livre. Beaucoup de gens vivent leur vie sur en mode pilote automatique en faisant pratiquement la même chose tous les jours sans jamais rien apprendre. Et ces mêmes personnes se demandent souvent comment certains peuvent avoir autant de succès dans la vie. Souvent ils peuvent même penser que c'est une histoire de chance. Cependant, lorsque nous examinons les habitudes des personnes qui réussissent, il arrive souvent qu'elles soient, entre autres, des lecteurs voraces.

Pour vous donner une idée précise de quoi est ce que je parle, voici quelques exemples : Bill Gates lit un livre par semaine. Mark Zuckerberg lit un livre toutes les deux semaines. Elon Musk est un lecteur avide. Warren Buffett passe environ 80% de sa journée à lire. Mark Cuban lit plus de trois heures par jour. Oprah Winfrey lit un livre tous les mois.

2 : ECOUTEZ ET APPRENEZ

Vous apprendrez toujours quelque chose en écoutant. Je trouve également que cela pourrait faciliter les relations simplement en écoutant et laisser réellement les gens sentir que vous vous souciez de vous. Cela soulagera les tensions, même si cela ne résout pas immédiatement le problème, cela pourrait soulager les sentiments négatifs en laissant simplement les gens s'exprimer, qu'il s'agisse d'un client mécontent, d'un employé stressé ou d'un collègue. Un auditeur actif n'est pas seulement apprécié partout, mais au bout d'un moment, il sait quelque chose.

Voici dix bénéfices que vous tirerez d'une écoute attentive aussi bien dans votre vie personnelle que professionnelle.

- Vous serez plus apprécié par les personnes à qui vous parlez.
- Vous obtiendrez de nouveaux points de vue, de nouvelles perspectives et de nouvelles perspectives.
- Vous pourriez obtenir de bons conseils.
- Vos relations avec les gens seront plus harmonieuses.
- Les gens aimeraient votre compagnie.
- L'écoute développe patience et tolérance chez l'auditeur.
- Écouter les autres peut vous aider à résoudre des problèmes et à découvrir de nouvelles opportunités.
- Les gens vous aimeront plus, parce que les gens aiment les bons auditeurs.
- Écouter les gens vous aidera à les comprendre et à comprendre leurs besoins, ce qui augmenterait votre popularité.

3 : FAITES ATTENTION AUX DETAILS

Pourquoi prêter attention aux détails est si important ? La réponse est simple. Parce que les personnes qui ont cette capacité font mieux leur travail que celles qui ne le font pas. Bien que beaucoup me disent que mon souci du détail est contre-productif, j'estime que cela a été très utile pour la croissance des ventes et finalement pour gagner la confiance des clients. Certaines des compétences les plus importantes en matière d'attention au détail sont :

- COMPETENCES ORGANISATIONNELLE

Quelle que soit votre profession (comptable, analyste financier, médecin ou ingénieur), vous avez beaucoup de responsabilités et de tâches à accomplir. Vous avez besoin d'un bon système pour suivre ces tâches. Des compétences organisationnelles vous permettront de créer ce système. Voici des exemples de techniques d'organisation : utilisation d'outils tels que calendriers, agendas, surligneurs, logiciels de gestion des ressources, logiciels de planification de projets et tout type d'applications et de programmes conçus pour vous aider à rester parfaitement organisé. Beaucoup d'entre nous ont tendance à ne pas les utiliser, mais ils peuvent être très utiles. Être bien organisé est un excellent moyen de montrer votre attention aux détails.

- COMPETENCES DE GESTION DU TEMPS

Les compétences en matière de gestion du temps font partie des compétences absolument essentielles pour l'attention au détail. De bonnes compétences en matière de gestion du temps vont de pair avec de bonnes capacités d'organisation. Les techniques les plus efficaces en matière de gestion du temps sont les suivantes : fixer des objectifs, les hiérarchiser, créer un calendrier, dresser des listes et différents types de logiciels tels que des outils de gestion du temps, des logiciels de chronométrage etc.

- COMPETENCES DE PENSEE ANALYTIQUE

Les compétences en matière de pensée analytique sont celles qui vous permettent de rassembler et d'analyser des informations, d'examiner différents points de vue et de résoudre des problèmes. Les compétences analytiques vous aident à être plus concentré et à prendre de meilleures décisions à l'aide d'outils d'aide à la décision.

- COMPETENCES D'OBSERVATION

Les compétences d'observation font également partie des compétences d'attention au détail. Les capacités d'observation peuvent vous aider à faire attention à ce qui est important à ce moment-là. Certaines personnes sont très attentives par nature, d'autres non. Il existe de nombreux moyens simples et outils pour améliorer votre sens aigu de l'observation, tels que : faire une promenade et observer tout ce qui se passe autour de vous ; poser des questions aux gens ou dans votre esprit.

- COMPETENCE D'ECOUTE ACTIVE

L'écoute active nécessite de se concentrer pleinement sur ce qui est dit. Toute votre attention et tous vos sens sont impliqués dans la conversation. L'écoute active implique beaucoup plus que simplement écouter avec vos oreilles. Cela implique des soins et de la compréhension. Les bonnes capacités d'écoute active comprennent : le contact visuel, éviter les distractions, les gestes corporels, donner de la rétroaction, etc.

4 : NOTEZ TOUTES LES IDEES QUI VOUS TRAVERSENT LA TÊTE

Pour la plupart d'entre nous, l'écriture consiste en des courriels, des listes de tâches et peut-être un projet de travail particulier. Cependant, prendre le temps d'écrire certaines choses, telles que nos expériences quotidiennes, nos objectifs et notre fouillis mental peut changer notre façon de vivre. Je trouve très utile le fait de tout noter par écrit. Cela permet de recueillir des idées amusantes ou créatives à froid et de les revisiter plus tard. Même si la plupart des choses que vous écrirez vous sembleront ne pas être de bonnes idées, elles peuvent être une bonne inspiration plus tard dans un contexte différent. Ici, la quantité peut conduire à la qualité. Si vous écrivez toujours les idées, certaines d'entre elles se révéleront bonnes. David Allen, conférencier sur la productivité et auteur de « Getting Things Done », recommande de faire ce qu'il appelle un « dépotoir central ». Cela implique d'écrire chaque tâche, activité et projet que vous devez traiter. Cela pourrait aller de la collecte de lait sur le chemin du retour à un projet impliquant plusieurs personnes au travail. Écrire chaque chose à faire que vous pouvez imaginer libère de l'espace dans votre tête pour des sujets plus importants.

5 : SOYEZ AU DESSUS DE L'INQUIETUDE ET DE LA PEUR

La peur de l'échec est le plus grand obstacle au succès dans la vie. Je n'ai jamais rencontré quelqu'un qui aime vraiment échouer. Je n'ai également jamais rencontré ou lu à propos de quelqu'un qui n'a jamais échoué. Tout le monde a connu un échec à un moment ou à un autre. Le seul moyen d'éviter l'échec est de ne rien faire. L'échec n'est pas ce qui retient les gens, c'est la peur de réessayer, de décevoir les autres, de supposer que le monde entier s'est retourné contre vous, de s'accepter comme trop faible pour se défendre. Ce que beaucoup d'entre nous ignorons, c'est que c'est bien d'avoir des peurs. C'est bien aussi d'avoir des revers et des défis. Ce qui n'est pas acceptable, c'est de vivre au jour le jour dans un perpétuel état de crainte et de peur. Je suis convaincu qu'amadouer la peur au lieu d'en faire un élément central, est la clé du succès au quotidien. Les personnes qui réussissent ne souhaitent pas le succès, elles travaillent au succès malgré leurs peurs. Restez fort mentalement et spirituellement face à l'adversité dans des circonstances difficiles et pénibles en remplaçant l'inquiétude et la peur par la détermination.

6 : PRATIQUEZ LA PLEINE CONSCIENCE

Je n'en ai pas trop parlé dans ce livre, je suis un fervent amateur de la pleine conscience. Pour ceux qui souhaitent en connaitre davantage, je vous renvoie vers mon premier livre « un instinct de succès ». Je crois que la pleine conscience est la plus importante habitude à cultiver si vous voulez vraiment réussir. Et la bonne nouvelle est que c'est fondamentalement très simple ... Il suffit de rester conscient, de rester présent et d'observer les différentes situations qui se présentent. Lorsque vous accordez toute votre attention aux personnes et aux circonstances, vous pouvez réellement entendre, interpréter, comprendre et apprendre de ces informations et commencer à vous rendre compte que toutes les informations dont vous avez besoin vous parviendront au bon moment vous aidera à accepter les changements qui se produisent et à ne plus vous attacher à des résultats particuliers. En fin de compte, le "succès" va et vient, comme tout le reste de la vie. Mais si vous choisissez de vous envelopper et de vous contenter de chaque instant, cela, en soi, c'est un accomplissement qui devrait vous faire sentir plus connecté, et donc plus capable de réussir réellement.

7 : APPUYEZ-VOUS SUR VOS ERREURS ET NE LES LAISSEZ PAS VOUS ABATTRE

L'entrepreneuriat est un long chemin qui transcende tout projet ou entreprise. Les faux pas stratégiques et les erreurs tactiques font partie de la croissance et du leadership et peuvent souvent fournir les informations les plus puissantes pour d'éventuelles corrections vous menant au succès. Il est important donc de vous appuyer sur vos erreurs. Il est primordial de ne pas vous laisser affecter par eux. Quand quelque chose ne fonctionne pas, faites une rapide analyse, décidez de ce que vous feriez différemment, et avancez. Chaque matin, considérez la prochaine étape positive que vous ferez non pas ce qui n'a pas fonctionné dans le passé.

8 : IDENTIFIEZ VOS PILLIERS CAR C'EST VOTRE FORCE

Identifiez les piliers de votre marque et infusez-les. Laissez-les devenir votre boussole, guidant chaque décision d'entreprise et chaque message de la marque, vous permettant de rester sur la bonne voie. Une marque est beaucoup plus que les produits ou services que vous vendez. Votre marque est ce que vous représentez. Bien que votre logo, vos produits, votre site Web et même vos campagnes de marketing numérique puissent changer au fil des ans, une chose doit rester inchangée : les valeurs de votre marque.

Dans un monde où les gens recherchent en permanence des liens avec leurs marques préférées, il est essentiel que les entreprises donnent à leurs clients quelque chose d'identifiant, qui dépasse le simple logo ou un site Web impressionnant. Si les éléments externes de votre marque, comme votre voix et même votre nom, peuvent aider à établir une notoriété et une affinité entre vos clients, ce sont les valeurs de votre marque qui suscitent un réel engagement et vous dirigent vers des liens plus puissants avec votre public cible. Pour la plupart des entreprises, les valeurs de la marque constituent le «cap principal », gage de leur succès sur le marché. Quelle que soit la manière dont vous pourriez vous écarter du chemin qui vous mènera vers une véritable affinité avec une marque, vos valeurs fondamentales resteront immuables.

9 : CREEZ UN ESPACE ET DU TEMPS DE REFLEXION

Pour faire de grandes choses, il faut du temps pour réfléchir. Mais il semble difficile de simplement trouver le temps de s'asseoir et de réfléchir. Le rythme effréné du quotidien avec nos différents costumes de mari, de père, d'entrepreneur, de collègue etc… nous prive vraiment de cette qualité essentielle. S'asseoir et réfléchir sur un sujet donné. Pourtant le pouvoir de la concentration mentale n'est plus démontré. Tous les obstacles s'effondrent devant une attention de qualité. Penser est tout simplement nécessaire pour votre travail et votre croissance. Sinon, nous accomplissons simplement des tâches sans interruption et ne proposons jamais de nouvelles idées. Si vous voulez diriger, vous aurez besoin de temps pour réfléchir à tout cela.

Ne laissez pas les tâches habituelles du jour l'emporter sur l'opportunité de voir de l'avant, d'entendre ce qui se passe réellement et de réfléchir aux priorités. Affûtez votre esprit et affinez vos stratégies pour que votre travail soit fructueux. Ménagez-vous régulièrement des heures de réflexion dans un cadre propice et inscrivez-le sur votre planning. Dès lors respectez ce programme comme tout autre programme de croissance destiné à votre entreprise. Le multitâche est l'un des grands ennemis de la réflexion ciblée. Lorsque vous déciderez de consacrer du temp à la réflexion, fermez vos courriels, éteignez votre téléphone portable et fermez le monde un instant.

10 : PLANNIFIEZ AVEC STRATEGIE

Chaque personne connue ou qui a réussi a réussi à se rendre là où elle est aujourd'hui en faisant de la planification l'une de ses habitudes quotidiennes cruciales. Sans plans substantiels, stratégiques et réfléchis, vous êtes voué à l'échec. Comme Benjamin Franklin l'a dit, ne pas planifier est un plan d'échec.

Lorsque vous établissez vos plans, assurez-vous qu'ils correspondent parfaitement à vos principaux objectifs. Ainsi, vous pourrez hiérarchiser vos plans en fonction de ce que vous devez accomplir pour réaliser vos rêves les plus profonds.

La plupart des entrepreneurs planifient réellement chaque jour la veille. En conséquence, ils peuvent se réveiller avec un plan et un objectif pour ce qu'ils doivent accomplir au cours des 8 à 12 prochaines heures. Le plan leur permet également de se lancer avec un agenda pour la journée.

CREATION D'ENTREPRISE QUEL STATUT CHOISIR

Vous créez votre entreprise ? Testez votre projet et trouvez le statut juridique qui vous correspond le mieux ! De nombreux critères sont à prendre en compte : la nature de votre activité, présence d'associés, personnalité juridique associée... Et ce choix est primordial car il aura des conséquences fiscales et sociales, et donc sur votre activité. Pour vous aider un peu plus dans votre décision, je vous propose un tour d'horizon de chaque statut juridique afin que vous puissiez choisir celui qui correspond le mieux à votre projet d'entreprise.

1. **S.A.S** (société par Action Simplifiée)

- **Avantages :**

- Une souplesse de fonctionnement

- Une entrée et sortie d'autres actionnaires facilement gérables par l'actionnaire principal

- Le montant du capital social est libre

- Une grande crédibilité auprès des investisseurs, prêteurs et clients

- **Inconvénients :**

- Des frais et formalisme de constitution assez élevés

- L'obligation de rigueur dans la rédaction des statuts

Notez bien que si la société ne comprend qu'un seul associé, il s'agit alors d'une SASU (Société par Actions Simplifiée Unipersonnelle).

2. **EURL** (Entreprise Unipersonnelle à Responsabilité Limitée)

- **Avantages :**

- Une responsabilité limitée aux apports (sauf faute de gestion), les engagements de caution sont à titre personnel

- La facilité de cession et de transmission du patrimoine de l'entrepreneur

- La facilité de transformation en SARL

- **Inconvénients :**

- Des frais et formalisme de constitution assez élevés

- En cas d'entrée d'un nouvel associé dans le capital, la société doit automatiquement se transformer en une SARL

- Un fonctionnement plus lourd que l'EIRL

3. **EI :** (Entreprise Individuelle)

- **Avantages :**

- La simplicité de constitution et de fonctionnement (moins contraignant que l'EIRL)

- Une liberté d'action pour le chef d'entreprise

- **Inconvénients :**

- Une responsabilité totale et indéfinie

- Un système d'imposition limitant les capacités d'autofinancement de l'entreprise

4. **EIRL :** (Entreprise Individuelle à Responsabilité Limitée)

- **Avantages :**

- La simplicité de constitution (plus contraignante que l'EI)

- Le patrimoine pouvant être saisi par les créanciers est limité

- La possibilité d'opter pour le régime fiscal des sociétés de capitaux (option irrévocable)

- La possibilité de constituer des réserves non-assujetties aux charges sociales (sous conditions)

- **Inconvénients :**

- Un formalisme plus important que pour l'EI

- Des frais liés à l'information des créanciers, honoraires des professionnels de l'évaluation

- Des frais de tenue de comptabilité, dépôt annuel des comptes, frais de gestion du compte bancaire dédié

- Une remise en cause de l'étanchéité du patrimoine d'affectation en cas de non-respect des obligations par l'EIRL

- Le passage en société tout aussi contraignant qu'en entreprise individuelle "classique", en cas de développement de l'activité.

5. AUTO-ENTREPRENEUR (micro-entrepreneur)

- **Avantages :**

- Des obligations comptables réduites

- L'absence de TVA à facturer

- Des modalités de calcul et de règlement des cotisations sociales simplifiées

- La possibilité d'opter pour le versement fiscal libératoire

- **Inconvénients :**

- La limitation du chiffre d'affaires annuel

- Le calcul des charges sociales sur la base du CA et non des bénéfices

- Un seuil de chiffre d'affaires pour valider un trimestre de retraite et bénéficier du droit à la formation professionnelle

Ce régime est mal adapté aux entrepreneurs qui prévoient des achats et/ou frais conséquents (stocks, matériels, aménagements, machines, assurances particulières, transport, etc.).

6. **SNC** (Société en Nom Collectif)

- **Avantages :**

- Une grande stabilité du ou des gérants associés

- Le capital n'a pas de minimum défini

- La possibilité de "fermer" la société

- Défiscalisation totale de l'impôt sur le revenu si l'entreprise entre dans le champ d'application d'une mesure d'exonération d'impôt sur les bénéfices

- **Inconvénients :**

- Une responsabilité solidaire et indéfinie de tous les associés

- Formalisme de fonctionnement (décisions collectives)

- Difficulté pour quitter la société (cessions de parts décidées à l'unanimité)

- Les cotisations sociales sont calculées sur l'ensemble des revenus non-salariés (bénéfices + rémunérations) en cas d'assujettissement à l'impôt sur le revenu

7. SARL (Société À Responsabilité Limitée)

- **Avantages :**

- La responsabilité des associés est limitée aux apports

- Une structure évolutive facilitant le partenariat

- **Inconvénients :**

- Frais et formalisme de constitution

- Formalisme de fonctionnement

8. SA (Société Anonyme)

- **Avantages :**

- La responsabilité des actionnaires est limitée aux apports

- Une structure évolutive facilitant le partenariat

- Les charges sociales sont calculées uniquement sur la rémunération

- Une facilité et souplesse de transmission des actions

- Une crédibilité vis-à-vis des partenaires (banquiers, clients, fournisseurs)

- **Inconvénients :**

- Frais et formalisme de constitution

- La lourdeur du fonctionnement

- L'instabilité du président de la SA (révocation sans préavis et sans indemnité par le conseil d'administration)

- Obligation de désigner un commissaire aux comptes

Nous sommes sur le point de nous séparer à présent car c'est ici où s'achève notre voyage. Ainsi, je vous réitère ma disponibilité pour vous accompagner dans cette démarche de croissance que vous venez d'entamer. Je vous laisse alors mes coordonnées que vous pourrez utiliser pour me contacter si vous cherchez une épaule amicale et surtout quelqu'un qui peut vous accompagner à mettre en place cette trame dont vous achevez la lecture. Suivez mon actualité et surtout mes coachings, séminaires et conférences à venir. Car comme je l'ai annoncé, ma mission est d'accompagner tout un chacun à devenir la meilleure version de ce qu'il peut être en lui fournissant les principes pour y arriver. La vie n'est pas une suite de hasard, sinon nous ne produirons que des résultats basés sur du hasard et l'expérience montre que tel n'est pas le cas. Alors la vie doit forcément être entièrement régie par des principes. Connaitre ces principes nous harmonise avec la marche des éléments et dès lors nous les maitrisons par la même occasion. Ceci par la loi des lois je veux nommer celle de la liaison de cause à effet.

Mail : contact@mackauka.fr

Web : https://www.mackauka.fr

Téléphone : +33 6 61 19 14 22

Facebook et Instagram : #mackauka

10 CITATIONS INSPIRANTES D'ENTREPRENEURS POUR VOUS MOTIVER DANS VOTRE DÉMARCHE

Diriger une entreprise nécessite beaucoup de travail, et certains jours, vous pourriez avoir l'impression de ne pas voir les fruits de votre travail.

C'est la raison pour laquelle j'ai rassemblé 10 citations inspirantes pour vous aider à traverser les moments difficiles et les journées sombres et rebooster votre motivation.

Quelle est votre citation d'entreprise inspirante préférée ?

Et qu'est-ce que ça vous inspire ? Affirmez ces citations comme un mantra et que ça vous guide comme une boussole vers votre destination.

J'espère que ces citations vous inspireront au fur et à mesure que vous développerez votre entreprise.

1 : Walt Disney : « Tous nos rêves peuvent devenir réalité si nous avons le courage de les poursuivre. »

2 : Anonyme : « Au lieu de paniquer à propos de ces contraintes, adoptez-les. Laissez-les vous guider. Les contraintes sont le moteur de l'innovation et de la force. Au lieu d'essayer de les supprimer, utilisez-les à votre avantage. »

3 : Robert H. Schuller : « Les temps difficiles ne durent jamais, mais les hommes de caractères perdurent. »

4 : Oprah Winfrey : « Ne vous inquiétez pas de votre succès, mais cherchez à devenir significatif et le succès suivra naturellement. »

5 : Inconnu : « Rappelez-vous pourquoi vous avez commencé »

6 : Mandy Hale : « Il n'y a rien de plus beau que quelqu'un qui fait tout son possible pour rendre la vie plus belle pour les autres. »

7 : Walt Disney : « Pour commencer, il faut cesser de parler et commencer à faire. »

8 : Theodore Roosevelt : « Le mérite appartient à l'homme qui est actuellement dans l'arène ; dont le visage est taché de poussière et de sueur ; qui s'efforce vaillamment, qui se trompe et peut tomber encore et encore, parce qu'il n'y a pas d'effort sans erreur ou faute. »

9 : Inconnu : « Vous devez le croire avant de le voir. »

❖ En dixième citations, je dirais que celle-ci est une mise en garde. Bien que je sois votre premier et plus fervent supporter et motivateur, la pratique de celle-ci est capitale.

10 : Jon Acuff : « Chers entrepreneurs, vous pouvez créer un millier d'entreprises, lancer 100 projets et rendre publiques des dizaines d'entreprises, mais vous n'avez qu'une chance d'assister à la croissance de votre enfant. Votre enfant se fiche de votre plateforme, il se soucie uniquement de votre présence. "